Silvia Möller

Ein Fall für die Knecht-Ruprecht-Bande

Ein Krimi-Adventskalender mit 24 Rätseln

mit Illustrationen von Stephan Pricken

Kaufmann Verlag

Bibliografische Information der Deutschen Bibliothek

Die Deutsche Bibliothek verzeichnet diese Publikation in der Deutschen Nationalbibliografie; detaillierte bibliografische Daten sind im Internet unter http://dnb.ddb.de abrufbar.

4. Auflage 2019

Druck und Bindung: Balto Print
ISBN 978-3-7806-0897-0

Inhalt

1. Dezember

noch 23 Tage bis Weihnachten

Der Mathetest

„Jedes Jahr wieder, hundsgemein ist das!" Sebastian, der von allen aber nur Basti genannt wird, kaut verzweifelt auf seinem Füller herum. „Warum müssen wir denn ausgerechnet im Advent immer so viele Arbeiten schreiben? Da kann man sich doch gar nicht richtig auf Weihnachten freuen! Und dann auch noch Mathe", denkt er und stöhnt, während er mit feuerroten Wangen über seinem Test brütet. Die Zahlen tanzen in seinem Kopf wild durcheinander und die Zeichen schlagen Purzelbaum. Basti reibt sich die Stirn.

„Ich hasse Mathe!"

Flüchtig schielt er nach links rüber. Neben ihm sitzt Jens, Bastis allerbester Freund, und löst in einem Affentempo eine Aufgabe nach der anderen. Die beiden Jungen sind schon seit dem Kindergarten unzertrennlich. Allerdings ist Jens im Gegensatz zu Basti ein wahres Zahlengenie, weswegen Basti ihm den Spitznamen „Einstein" verpasst hat.

Da geschieht es. Leni, die vier Reihen vor Basti und Einstein sitzt, rutscht ihr Mäppchen vom Tisch und fällt auf den Boden. Sofort verteilen sich Bleistift, Lineal, Radiergummi und jede Menge Bunt- und Filzstifte kreuz und quer über den Boden. Alle schauen zu Leni, die sich blitzschnell bückt, um alles wieder einzusammeln – auch Frau Gosch, die Mathelehrerin der 4 b. Plötzlich knufft Einstein Basti in die Seite und schiebt ihm sein Heft rüber. Basti begreift sofort und nutzt, ohne auch nur eine Sekunde darüber nachzudenken, die Gelegenheit. Die erste Aufgabe schreibt er komplett ab, bei der zweiten kann er sich wenigstens noch einige Ergebnisse merken und selbst die Lösung der Textaufgabe weiß er jetzt. Dann hat Leni alle ihre Stifte wieder eingesammelt und Frau Gosch ist nicht mehr abgelenkt.

Basti schnauft einmal tief durch und schaut auf die Uhr. Noch zehn Minuten, dann ist es geschafft und der Test zu Ende. Als es schellt, gibt Basti als einer der Ersten ab und stürmt nach draußen, dicht gefolgt von Einstein.

„Und – konnte ich dir helfen?", will er wissen, sobald sie auf dem Pausenhof stehen.

Basti nickt. „Aber dir ist schon klar, dass wir geschummelt haben."

„Ach was, mach dir deswegen keinen Kopf. Schließlich war es das erste Mal, und ein Mal ist kein Mal, sagt mein Vater immer. Außer-

dem machen die anderen das doch ständig und gemerkt hat es auch keiner."

„Du hast recht, und der Test wird sowieso nicht besser als eine Drei."

„Siehst du, alles ist gut", sagt Einstein und grinst. „Jetzt vergiss mal die Arbeit und lass uns Fußball spielen."

„Einverstanden."

Nach der Pause hat die 4 b Deutsch bei Frau Kurtz. Wieder im Klassenraum, bemerkt Basti sofort, dass sein Lesebuch bereits auf seinem Tisch liegt. „Merkwürdig", denkt er. Er kann sich gar nicht daran erinnern, dass er es am Ende der Mathestunde schon aus seinem Ranzen geholt hat. Schulterzuckend schlägt er die Seite mit dem Text über die Weihnachtstrolle aus Island auf. Den haben sie beim letzten Mal angefangen zu lesen und Basti findet ihn richtig cool. Er handelt von dreizehn kleinen, pelzigen Wesen mit dicker Knollennase, die unartigen Kindern anstelle von Süßigkeiten eine alte Kartoffel in den Schuh stecken, und ist echt witzig. Da entdeckt Basti zwischen den Seiten einen karierten Zettel, nicht größer als eine halbe Postkarte und mit ausgefransten Rändern. Es scheint fast so, als habe jemand das Stück Papier aus einem Heft herausgerissen. In großen Druckbuchstaben steht darauf geschrieben:

ICH HABE GESEHEN, DASS IHR BEIM MATHETEST BETROGEN HABT! TUT, WAS ICH EUCH SAGE. SONST ERFÄHRT FRAU GOSCH DAVON. KOMMT HEUTE NACHMITTAG UM DREI UHR ZUM HOLZSCHUPPEN BEIM SPORTPLATZ.

KNECHT RUPRECHT

Basti zuckt erschrocken zusammen und reibt sich ungläubig die Augen. Dann liest er den Text noch einmal ganz langsam und jeden Buchstaben für sich. Dabei zieht sich sein Magen immer mehr zu einem festen Klumpen zusammen und ihm wird abwechselnd heiß und kalt.

„Es hat also doch jemand gesehen, wie ich bei Einstein abgeschaut habe, und nun erpresst dieser Jemand uns", denkt Basti. „Aber wer? Knecht Ruprecht jedenfalls nicht, den gibt es in Wirklichkeit ja gar nicht."

Vorsichtig schaut Basti sich in der Klasse um. Meike liest gerade ein Stück aus der Wichtelgeschichte vor, aber das hört er gar nicht. Sein Blick wandert prüfend von einem zum anderen. Da sind zum Beispiel Hannes, der mal wieder mit seinem Stuhl kippelt, oder Cara und Lukas, die sich heimlich Briefchen schreiben. Nein! Basti kann sich beim besten Willen nicht vorstellen, dass einer seiner Klassenkameraden der Erpresser ist. Aber wer hätte sonst die Gelegenheit gehabt, den Zettel in sein Lesebuch zu legen? Frau Gosch vielleicht? Aber warum? Und woher sollte sie wissen, welche Geschichte sie gerade im Deutschunterricht behandeln?

„Basti, geht es dir nicht gut?" Plötzlich steht Frau Kurtz neben ihm und schaut ihn besorgt an. „Du bist ja ganz blass."

„Mir ist schlecht", antwortet Basti schnell und hält sich den Bauch.

„Willst du vielleicht einen Moment an die frische Luft gehen?"

Basti nickt. „Kann Ein… äh, ich meine Jens, mitkommen?"

Frau Kurtz ist einverstanden, und zusammen mit Einstein geht Basti auf den Pausenhof. Doch zuvor steckt er noch schnell den Erpresserbrief in seine Hosentasche.

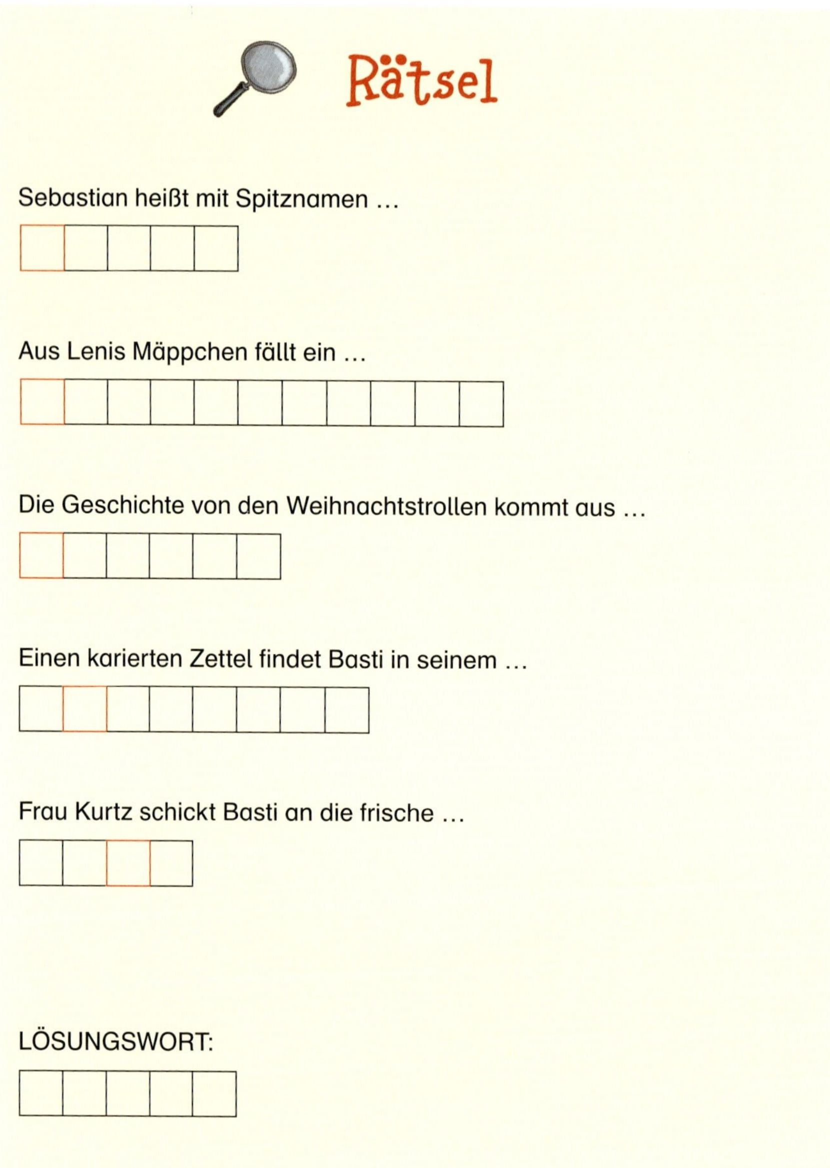

Rätsel

Sebastian heißt mit Spitznamen …

☐☐☐☐☐

Aus Lenis Mäppchen fällt ein …

☐☐☐☐☐☐☐☐☐☐☐

Die Geschichte von den Weihnachtstrollen kommt aus …

☐☐☐☐☐☐

Einen karierten Zettel findet Basti in seinem …

☐☐☐☐☐☐☐☐

Frau Kurtz schickt Basti an die frische …

☐☐☐☐

LÖSUNGSWORT:

☐☐☐☐☐

Lösung siehe S. 149

2. Dezember

noch 22 Tage bis Weihnachten

Die Idee

„So ein verdammter Mist!“, schimpft Einstein, nachdem auch er den Brief gelesen hat, und kickt wütend einen Stein über den Schulhof. „Was machen wir denn jetzt?“

„Wir könnten einfach so tun, als hätten wir den Brief nie bekommen.“

„Und riskieren, dass Frau Gosch von unserem Betrug erfährt? Das wäre dann meine erste Sechs – und ausgerechnet in Mathe.“ Einstein lässt traurig den Kopf hängen.

„Dann müssen wir eben herausfinden, wer uns erpresst, und das möglichst schnell“, sagt Basti entschieden. „Ich hab jedenfalls keine große Lust, irgendwelche Befehle von einem gewissen ‚Knecht Ruprecht‘ zu befolgen!“

„Ich auch nicht!“ Doch dann klingt Einstein auf einmal ganz kleinlaut. „Was, glaubst du, will dieser Knecht Ruprecht von uns?“, fragt er leise.

Basti zuckt mit den Schultern. „Ich habe keine Ahnung“, antwortet er unsicher und beißt sich nachdenklich auf die Unterlippe. Gerade fällt ihm ein Buch ein, das er vor kurzem gelesen hat. Darin wird ein Junge von seinen Klassenkameraden zum Stehlen gezwungen. „Vielleicht verlangt er ja, dass wir für ihn klauen“, murmelt er gedankenversunken und ihm läuft ein kalter Schauer über den Rücken.

„Meinst du wirklich?“ Entsetzt schaut Einstein zu Basti.

„Wäre möglich. Oder er fordert unser ganzes Taschengeld.“

„Nein, das geht nicht! Das brauche ich doch ganz dringend“, jammert Einstein verzweifelt. „Ich will meiner Mutter unbedingt einen kleinen Glasengel kaufen. Den habe ich gestern auf dem Weih-

nachtsmarkt entdeckt, und ein Wichtelgeschenk für die Weihnachtsfeier in der Schule brauche ich auch noch."
Auch Basti fühlt sich ganz und gar nicht wohl in seiner Haut. Sein Magen rumort und ihm ist immer noch übel. Hätte er doch bloß nicht abgeschrieben, dann könnte dieser Blödmann von Knecht Ruprecht sie nun auch nicht erpressen. Aber dafür ist es jetzt zu spät. Basti schließt kurz die Augen und holt tief Luft.
„Bestimmt wird es gar nicht so schlimm. Ich glaube jedenfalls nicht, dass jemand aus unserer Klasse so fies und gemein ist, du etwa?"
Einstein schüttelt den Kopf.
Da hat Basti eine Idee. „Was hältst du davon, wenn wir uns schon um zwei, also eine Stunde früher, am Schuppen treffen? Dann legen wir uns dort auf die Lauer ..."
„Und können Knecht Ruprecht dabei überraschen, wie er den nächsten Zettel versteckt." Einstein lächelt zum ersten Mal wieder. „Das machen wir!"

Wie verabredet treffen sich Basti und Einstein am Nachmittag um zwei Uhr vor dem Tor zum Sportplatz.
„Abgeschlossen", stellt Basti überrascht fest. Er war im Sommer schon ein paarmal zusammen mit Einstein hier, zum Training, zu Spielen und auch einfach nur so zum Kicken. Einstein ist ein begeisterter Fußballspieler, er selbst dagegen geht lieber schwimmen oder zum Judo. Das Tor war dabei stets offen und man kam ohne Probleme auf den Platz.
„Im Winter findet das Training in der Halle statt", bemerkt Einstein. „Das ist auch bei den Leichtathleten so."
„Logisch! Aber wie kommen wir denn dann auf den Platz und zum Schuppen?"
„Wir könnten über den Zaun klettern."

„Und wenn man uns dabei sieht?"
„Hast recht." Einstein überlegt einen Augenblick. „Aber hinter dem Sportplatz, da, wo früher der kleine Spielplatz war, da könnte es klappen. Dahin verirrt sich doch fast nie jemand."
„Gut, versuchen wir es dort."
Die beiden flitzen los und stehen schon wenig später auf einer kleinen, ziemlich verwilderten Wiese, in deren Mitte nur noch zwei morsche Holzbalken an eine Schaukel erinnern, die es hier einmal gab. Das Klettergerüst ist längst abgebaut worden, und Gras und Unkraut überwuchern jetzt die Stelle, wo der Sandkasten war. Vorsichtig schauen Basti und Einstein sich um.
„Sage ich doch, hier ist weit und breit kein Mensch", stellt Einstein zufrieden fest.
„Schon …", murmelt Basti zögerlich. Auch er kann niemanden entdecken, doch irgendwie fühlt er sich beobachtet. Sitzt da nicht jemand im Gebüsch gleich hinter der Sprunggrube? Wartet Knecht Ruprecht etwa bereits auf dem Sportplatz auf sie?
„Ich klettere als Erster!" Einstein hangelt sich an den Eisenstäben nach oben. „Geschafft! Jetzt bist du dran."
Basti schielt noch einmal unauffällig zu den immergrünen Büschen hinter der Sprunggrube hinüber. Aber da ist nichts. „Jetzt sehe ich schon Gespenster", murmelt er kopfschüttelnd und klettert los.

Rätsel

Hier sind einige Buchstaben aber gehörig durcheinandergewürfelt worden. Findest du die richtige Reihenfolge?

ULKEG

CTAHN

LENGE

STRICH

ZEHR

NANTE

LÖSUNGSWORT:

Lösung siehe S. 149

3. Dezember

noch 21 Tage bis Weihnachten

Auf der Lauer

Der Holzschuppen steht nicht weit von der Sprunggrube entfernt. „Der Platzwart bewahrt darin seinen Rasenmäher, jede Menge Bälle, zwei kleine Tore zum Hockeyspielen und noch so einiges mehr auf", sagt Einstein. „So eine komische Maschine zum Beispiel, mit der man die Linien vom Fußballfeld nachziehen kann."
Vor der Schuppentür hängt ein Vorhängeschloss.
„Verflixter Mist! Was jetzt?", grummelt Basti.
Einstein schaut auf seine Armbanduhr. „Es ist erst halb drei. Vielleicht kommt Knecht Ruprecht ja noch und heftet einen Zettel einfach von außen an die Tür …"
„Dabei schnappen wir ihn und schon ist der Spuk vorbei", ergänzt Basti und grinst.
„Klingt spitze!"
Schnell verstecken die beiden sich hinter den Büschen an der Sprunggrube. Von dort aus können sie den Zaun, das Loch und den Schuppen gut sehen. Nun heißt es abwarten. Die Minuten ziehen sich wie Kaugummi, doch nichts passiert.
„Wo bleibt Knecht Ruprecht denn bloß?" Basti kaut nervös auf seiner Unterlippe herum. „Es ist schon gleich drei."
Einstein zuckt mit den Schultern. „Keine Ahnung."
Noch weitere zwanzig Minuten warten die Jungen, bevor sie schließlich entnervt aufgeben. Mit hängenden Schultern kommen sie wieder hinter den Büschen hervor und trotten zum Schuppen zurück.
„Dieser Blödmann spielt mit uns!" Basti rüttelt wütend an der verschlossenen Schuppentür. Da entdeckt er plötzlich einen Umschlag, der unter der Tür hervorlugt. Überrascht schaut Basti zu

Einstein. Der bückt sich und zieht vorsichtig den Brief hervor. Dann reißt er ihn auf und liest.

GUT GEMACHT! HIER NUN EURE NÄCHSTE AUFGABE: MORGEN UM DREI KLINGELT IHR BEI HERRN HÄNDEL IN DER TURMSTRASSE 9. ALLES WEITERE ERFAHRT IHR DORT. SEID PÜNKTLICH. DANN BEKOMMT IHR VIELLEICHT DOCH KEINE RUTE ZUM NIKOLAUS.

KNECHT RUPRECHT

Außer sich reißt Basti Einstein den Brief samt Umschlag aus der Hand und zerfetzt ihn in tausend Stücke. „Das kannst du so was von vergessen, du blöder Nikolausgehilfe!", brüllt er. „Das machen wir auf gar keinen Fall!"
Einstein zögert. „Na ja, die Aufgabe heute war doch eigentlich ganz cool, fast so wie eine Schatzsuche."
„Ist das dein Ernst?" Basti zieht die Stirn kraus und mustert Einstein von oben bis unten. Bestimmt hat er sich nur verhört und sein Freund hat das gar nicht so gemeint.
Doch Einstein nickt. „Jedenfalls tausend Mal besser als eine Sechs in Mathe, findest du nicht?"
„Stimmt." Basti überlegt. „Vielleicht ist die Aufgabe morgen ja auch ganz okay."
„Das glaube ich auch. Außerdem will ich jetzt unbedingt wissen, wer hinter Knecht Ruprecht steckt. Du etwa nicht?"
„Na und ob!"
„Siehst du! Also bleibt uns doch gar nichts anderes übrig, als morgen zu diesem Herrn Händel zu gehen. Bestimmt finden wir dort

weitere Hinweise. Immerhin wissen wir jetzt schon, dass Knecht Ruprecht jemand sein muss, der oft auf dem Sportplatz ist."

„Vielleicht einer deiner Fußballkollegen aus unserer Klasse?"

„Du meinst Jan und Carsten?" Einstein schüttelt den Kopf. „Nee, das glaub ich nicht. Die würden mich nicht verpfeifen und sie haben auch schon mal geschummelt. Jan hat es mir erzählt." Einstein denkt nach. „Außerdem gehen wir eigentlich nie zum Schuppen. Bälle bringt unser Trainer immer selber mit, Rasen mähen und die Feldlinien nachziehen macht der Platzwart. Aber der kann nicht wissen, dass wir in Mathe geschummelt haben."

„Dann war es jemand, der Leichtathletik macht", schlussfolgert Basti. „Die brauchen doch immer jede Menge unterschiedlichen Kram, wenn sie trainieren – Wurfbälle, Kugeln, Maßbänder, Startklappe … Du weißt schon, all die Dinge, die wir auch bei unserem Schulsportfest haben."

„Richtig! Und deshalb müssen sie auch immer wieder zum Schuppen gehen, um ihre Sachen zu holen oder wegzubringen", ergänzt Einstein und grinst. „Gut kombiniert, Sherlock!"

Basti lacht. „Danke, Watson. Dann kommen allerdings nur Lukas und Emma in Frage. Ich bin mal gespannt, ob wir morgen bei Herrn Händel etwas Neues herausbekommen."

Rätsel

In diesem Suchsel sind fünf Wörter versteckt. Findest du sie?

Sie lauten: Zettel, Schuppen, Umschlag, Rute, Nikolaus

					D					
			M	S	Y	N	T			
		Y	O	C	U	I	A	X		
			V	H	M	K	I			
		B	E	U	S	O	R	Z		
W	Q	G	R	P	C	L	U	J	G	G
	V	L	I	P	H	A	T	O	P	
Z	E	T	T	E	L	U	E	W	O	N
				N	A	S				
				U	G	M				

Lösung siehe S. 149

4. Dezember

noch 20 Tage bis Weihnachten

Bei Herrn Händel

Am nächsten Tag, kurz nach zwei, steht Basti vor Einsteins Tür. In der Hand hält er einen Stadtplan.
„Den hab ich sicherheitshalber mal mitgebracht", erklärt er, als er Einsteins fragendes Gesicht sieht. „Ich habe nämlich keinen blassen Schimmer, wo die Turmstraße ist. Du etwa?"
Einstein schüttelt den Kopf. Also hocken sich die beiden erst einmal in Einsteins Zimmer auf den Boden und studieren den Plan.
„Da ist sie, und sie ist gar nicht so weit weg von hier", stellt Einstein erleichtert fest. „Keine fünfzehn Minuten mit dem Rad, schätze ich."
„Gut, dann nichts wie los."
Zum Glück hat es bisher immer noch nicht geschneit, und die Straßen sind frei und nicht rutschigmatschigglatt. Sie fahren an der Grundschule vorbei und am großen Supermarkt, in dem Basti mit seinem Vater am Wochenende immer einkaufen geht. Dabei achten sie aufmerksam auf die Straßenschilder.
„Moselgasse, Schlossweg … Turmstraße, jetzt müssen wir nur noch die richtige Hausnummer finden", ruft Basti.
Die Jungen steigen ab und schieben ihre Räder ein Stück die Straße hinunter.
Plötzlich bleibt Einstein stehen und zeigt auf ein kleines altes Häuschen mit Garten. „Wir sind da."
Basti streckt seinen Finger aus, doch dann zögert er. Soll er wirklich klingeln? Immerhin kennen sie weder Herrn Händel, noch wissen sie, was sie hier erwartet. Wenigstens sieht das Haus mit seiner hellgelben Fassade von außen freundlich und einladend aus. Bastis Herz rast vor Aufregung. Hilfesuchend schaut er zu

Einstein rüber, doch der sieht genauso ratlos zurück. Da geht plötzlich die Tür auf und ein alter Herr mit Gehhilfe erscheint. Er hat schlohweißes Haar, ein Gesicht voller Falten und gutmütig dreinblickende Augen hinter einer dicken Hornbrille. Basti erkennt ihn sofort. „Der Mann war früher fast jeden Samstag bei meiner Mutter im Laden und hat einen Blumenstrauß gekauft", flüstert er Einstein erleichtert zu. „Er ist echt nett und hat mir immer Karamellbonbons geschenkt. Dann ist allerdings seine Frau gestorben und er kam nicht mehr."

„Hallo, ihr zwei. Schön, dass ihr mir helfen wollt", begrüßt Herr Händel Basti und Einstein herzlich und reicht ihnen die Hand. Dabei fällt Basti sofort auf, wie leicht und zerbrechlich diese sich nun anfühlt.

„Ja, ja, im Alter lässt die Kraft nach", sagt Herr Händel prompt, fast so, als könne er Gedanken lesen. „Meine Knochen wollen schon lange nicht mehr so wie früher."

„Und was können wir da tun?", will Einstein wissen.

„Laub harken!", antwortet Herr Händel und lächelt. „Ich schaffe das nicht mehr und meine Enkel haben nie Zeit. Deshalb habe ich mich ja auch so sehr gefreut, als ich euren Brief gefunden habe."

„Brief?" Einstein schaut verwirrt zu Basti. Der zuckt nur mit den Schultern.

„Oder Zettel, ganz wir ihr wollt", ergänzt Herr Händel schnell, als er die verdutzten Gesichter der beiden sieht. „Den habt ihr mir doch gestern in den Briefkasten gesteckt, oder? Wartet, ich kann ihn holen." Herr Händel dreht sich langsam um und schlurft zurück ins Haus.

„Der arme Herr Händel", flüstert Basti. „Er kann wirklich kein Laub mehr harken."

„Nee, ganz bestimmt nicht."

4. Dezember

„Also, sollen wir ihm helfen?"
„Klar, machen wir."
In dem Augenblick kommt Herr Händel zurück. „So, bitte sehr, hier ist der Brief."
Sofort stecken Basti und Einstein die Köpfe zusammen und lesen.

LIEBER HERR HÄNDEL,
MORGEN UM DREI KOMMEN WIR, UM IHNEN IM GARTEN ZU HELFEN.
BASTI UND JENS

„Der stammt eindeutig von Knecht Ruprecht", raunt Einstein Basti zu.
Basti nickt kaum merklich und wendet sich wieder an Herrn Händel. „Wo sind denn die Harken?"
„Sie stehen im Garten an eine der Eichen gelehnt und warten schon auf euch", meint Herr Händel und schmunzelt. „Ihr hättet übrigens nicht alles in Großbuchstaben schreiben müssen. Mit Brille sehe ich nämlich noch ganz gut."
Basti und Einstein gehen in den Garten und machen sich sofort an die Arbeit. Sie harken ohne Pause und füllen mit dem Laub einen Sack nach dem anderen. Nach eineinhalb Stunden sind sie fix und fertig.
„Geschafft!" Basti schaut nicht ohne Stolz auf den nun völlig blätterfreien Garten. Da kommt Herr Händel.
„Das habt ihr wirklich großartig gemacht", sagt er begeistert und hält beiden einen Zehn-Euro-Schein hin. „Hier, für eure Arbeit! Das habt ihr euch redlich verdient."
„Super! Danke!" Basti freut sich und auch Einstein strahlt.
„Eigentlich hat es richtig Spaß gemacht, dem alten Herrn Händel zu helfen", sagt Basti, als sie sich auf den Heimweg machen.
„Ja, genau! Jetzt kann ich das Wichtelgeschenk für die Schule kaufen und mein Taschengeld kann ich für mich behalten. Mal sehen, was Knecht Ruprecht sich als Nächstes für uns ausdenkt."

Rätsel

1. Herr Händel wohnt …
   K: in der Moselgasse
   L: im Schlossweg
   E: in der Turmstraße

2. Er trägt im Gesicht …
   S: eine Sonnenbrille
   N: eine Hornbrille
   I: einen Bart

3. Im Garten von Herrn Händel stehen …
   G: Eichen
   N: Lärchen
   E: Buchen

4. Um das Laub zusammenzuharken, brauchen Basti und Einstein …
   L: eine halbe Stunde
   S: eine ganze Stunde
   E: eineinhalb Stunden

5. Was bekommen Basti und Einstein als Belohnung?
   L: zehn Euro
   M: fünf Euro
   R: Schokolade

LÖSUNGSWORT:

Lösung siehe S. 149

5. Dezember

⩓⩓⩓ noch 19 Tage bis Weihnachten ⩓⩓⩓

Eine neue Aufgabe

Schon am nächsten Morgen gibt es eine neue Nachricht von Knecht Ruprecht. Basti hat wie immer seine Jacke an einem Haken vor dem Klassenraum aufgehängt und nun, in der ersten großen Pause, findet er den Zettel in seiner rechten Anoraktasche.

TOLLE ARBEIT! HIER DIE NÄCHSTE AUFGABE: BACKT PLÄTZCHEN UND BRINGT SIE DER ALTEN FRAU OBERMANN IM WACHOLDERWEG 14. DIE HAT HEUTE GEBURTSTAG.
UND DENKT DRAN, MORGEN IST NIKOLAUS.

KNECHT RUPRECHT

„Coole Sache", sagt Einstein sofort. „Frau Obermann kenne ich, bei ihr habe ich drei Jahre Flötenunterricht gehabt. Sie ist nett, und Kekse backen macht sowieso Spaß."
„Ja, ist ganz okay. Ich frage mich nur, warum Knecht Ruprecht diese Sachen nicht selbst erledigt, sondern uns das machen lässt. Laub harken, Kekse backen, was ist denn schon dabei?"
„Knecht Ruprecht hat halt um den 6. Dezember herum immer so viel mit den unartigen Kindern zu tun, da kann er sich um so was nicht kümmern", meint Einstein nur und grinst breit.
Basti rollt mit den Augen. „Ha, ha, ich glaube eher, er hat einfach keine Lust und deshalb müssen wir die Aufgaben für ihn bewerkstelligen. Aber eins steht mal fest: Unser Knecht Ruprecht muss sowohl Herrn Händel als auch Frau Obermann sehr gut kennen. Sonst wüsste er doch nicht, dass der eine dringend Hilfe in seinem Garten braucht und die andere heute Geburtstag hat."

„Er oder sie“, wirft Einstein ein.
„Hä?“
„Emma könnte doch genauso gut wie Lukas unser Knecht Ruprecht sein“, erklärt Einstein. „In dem Fall wäre es eine Knechtin.“
Basti prustet los. „Du meinst eine Magd.“ In Mathe mag Einstein ja einfach unschlagbar sein, aber in Deutsch ist er keine so große Leuchte.
„Oder so.“ Einstein nimmt es gelassen. „Vielleicht ist Herr Händel ja der Opa von Emma oder Lukas …“
„Und Frau Obermann die Oma“, ergänzt Basti. „Wir sollten den beiden unbedingt mal auf den Zahn fühlen.“
„Und wie?“
„Na, Emmas kleine Schwester Nele geht doch bei uns auf die Schule in die erste Klasse“, sagt Basti. „Wir könnten sie doch so ganz nebenbei einfach nach ihrem Opa fragen.“
„Gute Idee.“ Einstein schaut sich suchend um. „Da hinten ist sie. Sie spielt Hüpfekästchen mit zwei anderen Mädchen.“
„Dann nichts wie hin!“
„Du, Nele, können wir dich mal was fragen?“, sagt Basti.
„Was denn?“
„Wo wohnt eigentlich dein Opa?“, will Einstein nun wissen.
„Mein Opa Heiner wohnt in Hamburg und zu Weihnachten kommt er uns besuchen, und mein Opa Willi wohnt im Himmel. Warum?“
„Ach, nur so“, antwortet Basti schnell, macht auf dem Absatz kehrt und zieht Einstein am Arm hinter sich her. Erst als er sich ganz sicher ist, dass sie außer Hörweite sind, bleibt er stehen.
„Emma scheidet also aus“, stellt Basti fest und schnauft einmal kräftig durch. „Bleibt noch Lukas.“
„Sicher? Was, wenn Herr Händel nicht Emmas Opa, sondern ihr …“ Einstein überlegt einen Moment. „Großonkel ist?“

„Auch wieder wahr", stimmt Basti zu. „Aber wir können ja Frau Obermann nach ihren Enkeln fragen."
„Super Idee!"

Am späten Nachmittag stehen Basti und Einstein schließlich vor Frau Obermanns Tür, jeder mit einer großen Tüte Kekse in der Hand, und klingeln. Zuvor haben sie sich bei Basti getroffen und gebacken, was das Zeug hält. Bastis Mutter haben sie einfach erzählt, dass sie die Plätzchen morgen für die Schule brauchen.

„Puh, ich rieche wie eine ganze Bäckerei." Basti schnüffelt an sich selbst.

„Ist doch lecker!", sagt Einstein und grinst. „Außerdem war es superlustig."

„Stimmt!" Da öffnet sich die Tür.

„Selbst gebackene Kekse, für mich?" Frau Obermann ist sichtlich gerührt, als Basti und Einstein ihr die Tüten überreichen. „Danke! Wie heißt denn dein Freund, Jens?"

„Basti", antwortet Einstein.

„Bitte, Basti und Jens, kommt doch rein. Ich bin zwar gar nicht auf Besuch eingestellt, aber Kakao habe ich immer im Haus und eure Plätzchen duften herrlich."

„Aber sie haben doch heute Geburtstag", sagt Basti, während er und Einstein der alten Dame in ihre kleine Küche folgen.

„Stimmt." Leicht verdutzt schaut Frau Obermann von Basti zu Einstein. „Doch meine Familie hat heute Nachmittag leider keine Zeit", fährt sie dann fort. „Aber heute Abend bekomme ich Besuch und am Sonntag gehen wir alle zusammen essen."

Frau Obermann lächelt tapfer.

„Sind ihre Enkel auch dabei?", fragt Basti unauffällig.

„Ja, alle drei." Frau Obermanns Augen beginnen zu strahlen. „Meine Enkelin Mira ist ungefähr so alt wie ihr zwei."

Rätsel

Richtig oder falsch?

Basti kennt Frau Obermann gut. Er hatte drei Jahre Flötenunterricht bei ihr.

richtig falsch

Emmas jüngere Schwester Nele geht in die zweite Klasse.

richtig falsch

Emmas und Neles Opa Heiner wohnt in Hamburg.

richtig falsch

Frau Obermann hat drei Enkel.

richtig falsch

Einer der Enkel heiß Lukas und ist genauso alt wie Basti und Einstein.

richtig falsch

Lösung siehe S. 149

6. Dezember

△△△ noch 18 Tage bis Weihnachten △△△

Der Hilferuf

Heute ist Nikolaus und natürlich hat Basti keine Rute bekommen. In seinen neuen Stiefeln, die er gestern Abend noch schnell an die Haustür gestellt hat, stecken ein Schokonikolaus, eine Tüte Gummibärchen und ein supercooles Buch über Raketen.
„Krass!" Basti freut sich total.
„Morgen, Großer, schau mal, was im Briefkasten lag, als ich die Zeitung herausgeholt habe." Sein Vater hält ihm augenzwinkernd einen Briefumschlag hin. „FÜR BASTI", steht darauf. „Ein Nikolausgruß von einer Verehrerin?"
„Quatsch!" Schnell schnappt sich Basti den Umschlag, verzieht sich damit in sein Zimmer und liest.

ICH BRAUCHE DRINGEND EURE HILFE! IHR KENNT BESTIMMT DIE ALTE MOLKEREI IN DER BERGSTRASSE. DORT GESCHEHEN SELTSAME DINGE UND IHR MÜSST UNBEDINGT HERAUSFINDEN, WER DAHINTERSTECKT. BITTE!

Basti stutzt. Was ist denn jetzt los? Dieses Mal klingt der Brief so ganz anders als sonst. Richtig ernst! Er beißt sich nachdenklich auf die Unterlippe. Vor lauter Aufregung hat Knecht Ruprecht offensichtlich sogar vergessen zu unterschreiben. Außerdem hört sich „seltsame Dinge" irgendwie unheimlich spannend an. Und gefährlich. Schließlich steht die alte Molkerei schon seit Jahren leer. Er kennt sie nur als baufällige Ruine mit kaputten Fenstern und heruntergefallenen Dachziegeln. Aus diesem Grund hat die Stadt vor ein paar Monaten auch das Gelände um die Molkerei komplett eingezäunt und überall Betreten-verboten-Schilder aufgestellt.

„Also, bevor wir uns da reinwagen, will ich wissen, wer Knecht Ruprecht ist! Nur, wie sollen wir das herausfinden?"
Basti zieht die Stirn kraus und denkt nach: „Wir haben in unserer Klasse eine Mira, aber die turnt und tanzt und hat mit Leichtathletik nichts am Hut." Basti schüttelt genervt den Kopf. Er weiß einfach nicht, was er davon halten soll. „Irgendein Hinweis fehlt uns noch."
„Basti, komm frühstücken, du musst gleich los", ruft seine Mutter da. Schnell stopft er den Brief in seine Hosentasche und läuft in die Küche.

Gleich zu Beginn der großen Pause stecken Basti und Einstein die Köpfe zusammen und grübeln.
„Emma, Lukas oder Mira, was meinst du?", fragt Basti. „Ich habe keinen blassen Schimmer. Aber der Brief klingt dieses Mal echt so, als wäre da jemand wirklich in Not. Meinst du nicht, wir sollten helfen?"
„Auch ohne zu wissen, wer Knecht Ruprecht ist?"
Einstein zuckt mit den Schultern. „Ich denke schon. Wenn wir vorsichtig sind, passiert uns schon nichts. Außerdem wollte ich schon immer mal wie ein richtiger Detektiv einen echten Fall lösen."
Basti ist immer noch skeptisch. „Aber wenn uns jemand auf dem Molkereigelände erwischt, sind wir geliefert, das weißt du schon. Es ist schon etwas anderes als ein bisschen Schummeln bei einer Mathearbeit."
„Wir müssen einfach viel besser aufpassen. Das klappt schon. Die anderen Aufgaben haben wir doch auch gelöst."
„Die waren dagegen aber auch der reinste Kindergeburtstag", grummelt Basti und seufzt. „Also schön, dann schauen wir uns heute Nachmittag dort einmal um. Wieder um drei?"

„Einverstanden. Wir treffen uns gleich an der Molkerei."
Da klingelt es und die Pause ist zu Ende. Basti und Einstein stürmen zurück in die Klasse und auf ihre Plätze.
Aber was ist denn das? Vorsichtig schielt Basti zu Emma rüber, die schräg hinter ihm sitzt. Beobachtet sie ihn etwa? Das muss Basti gleich mal überprüfen. Blitzschnell dreht er sich um und schaut Emma direkt an. Die sieht sofort weg und wird schlagartig knallrot im Gesicht.
„Interessant", murmelt Basti.

Rätsel

In den folgenden Sätzen haben sich einige zusätzliche Buchstaben eingeschlichen. Finde sie und du erhältst das Lösungswort.

Vorsichtig schieltv Basti zu Emma rüber, diee schräg hinter ihm sitztr. Beobachtet sie ihn detwa? Das muss Bastiä gleich malc überprüfen. Blitzschnell hdrehtt er sich um und schaut Emma direkti an. Die sieht sofort weg und wird schlagartig knallrot img Gesicht.

LÖSUNGSWORT:

Lösung siehe S. 149

7. Dezember

noch 17 Tage bis Weihnachten

Der dunkelblaue Bus

Um Punkt drei Uhr steht Basti wie verabredet am Zaun, der das Gelände der alten Molkerei eingrenzt, und wartet.

„Wo bleibt Einstein denn nur?", denkt er und schaut sich um. Durch den Zaun hindurch entdeckt er einen riesigen und völlig verrosteten Tank, der vor einem heruntergekommenen, dreistöckigen Flachbau auf dem Boden liegt. „Der stand bestimmt früher einmal senkrecht und war voller Milch. Doch das ist sicher schon eine Ewigkeit her, so zerbeult, wie der jetzt ist." Der Flachbau mit seinen fehlenden Türen und Toren, mit seinen kaputten Fenstern und dem löchrigen Dach wirkt auf Basti alles andere als einladend. Er bekommt eine Gänsehaut. „Da wollen wir wirklich rein? Was, wenn uns einer der losen Dachziegel auf den Kopf fällt oder wir durch ein Loch im Boden der Molkerei fallen? Dann sind wir verloren! Niemand weiß, wo wir sind, und keiner wird uns finden, wenn uns was passiert." Bastis Magen zieht sich schlagartig zusammen und ihm wird ganz flau. „Ob das hier wirklich so eine gute Idee ist?"

Da kommt endlich Einstein auf seinem Fahrrad um die Ecke geflitzt.

„Entschuldige, aber ich kam zu Hause nicht weg. Meine Mutter ist in ihrem weihnachtlichen Aufräumwahn und spannt alle ein", keucht er völlig aus der Puste.

„Nicht schlimm", murmelt Basti und druckst herum: „Du … ich weiß nicht … ich meine … wir …"

„Ach, komm schon, wir können doch jetzt nicht kneifen. Knecht Ruprecht braucht schließlich dringend unsere Hilfe, schon vergessen?"

„Nein, natürlich nicht", antwortet Basti und seufzt. „Also gut, schauen wir erst mal, ob wir überhaupt eine Lücke im Zaun finden, um auf das Gelände zu kommen. Drüberklettern werde ich nämlich auf gar keinen Fall. Der ist schließlich mindestens drei Meter hoch, und ich bin nicht lebensmüde."
„Dann los!" Einstein kettet sein Fahrrad an einem Laternenpfahl in der Nähe an und die beiden machen sich auf die Suche.

„Mist! Jetzt sind wir schon fast einmal ganz rum und haben nicht ein winzig kleines Loch gefunden, durch das wir uns hindurchquetschen könnten", mault Einstein frustriert und lässt enttäuscht den Kopf hängen.
In diesem Augenblick rast ein dunkelblauer Kleinbus auf die Molkerei zu.
„Der hat es aber eilig", bemerkt Basti. Der Bus prescht doch tatsächlich mit hohem Tempo den Bürgersteig hoch und kommt, keine hundert Meter von Basti und Einstein entfernt, mit quietschenden Reifen direkt vor dem Zaun zum Stehen. Was soll denn das? Einstein will sofort zum Bus laufen. Doch Basti hält ihn zurück und zieht ihn blitzschnell hinter einen grauen Stromkasten in Deckung.
„He!" Einstein schaut verwirrt zu Basti.
„Pst! Ich will sehen, was der Fahrer vorhat. Immerhin wird er ja nicht ohne Grund mit vollem Karacho auf den Bürgersteig gebrettert sein, um dann eine Vollbremsung vom Feinsten hinzulegen." Basti schaut vorsichtig hinter dem Kasten hervor.
Inzwischen ist der Fahrer ausgestiegen und macht sich am Zaun zu schaffen. Flink löst er ein Element und schiebt es beiseite. Die so entstandene Lücke ist gerade so groß, dass der Bus knapp hindurchpasst.
„Das ist ja ein Ding", flüstert Einstein.

PEACE

„Allerdings!"
Der Fahrer springt zurück in seinen Bus und fährt auf das Gelände der Molkerei. Basti und Einstein halten die Luft an. Vielleicht bleibt die Lücke offen, solange der Bus auf dem Gelände ist. Dann könnten ... Doch da erscheint der Fahrer auch schon und verschließt den Zaun wieder.
„Schade!", sagt Einstein.
Basti ist eher erleichtert. Er verspürt immer noch keine große Lust, sich in einer uralten und total morschen Molkerei umzusehen – schon gar nicht, wenn der Typ aus dem dunkelblauen Bus sie erwischen könnte. Doch so schnell gibt Einstein nicht auf.
„Komm, wir schauen uns das mal näher an!" Er läuft zu der Stelle, wo gerade noch die Lücke war. „Vielleicht können wir den Zaun ja auch selbst öffnen."
Basti zögert. „Und wenn der Typ mit seinem Bus zurückkommt und uns entdeckt?"
„Na gut, wir warten, bis er wieder weg ist, und ...", schlägt Einstein vor, bricht dann aber plötzlich mitten im Satz ab.
„Was ist los?", fragt Basti und kommt näher.

Rätsel

1. Die alte Molkerei hat …

   D: drei Stockwerke
   G: zwei Stockwerke
   F: ein Stockwerk

2. Basti hat Angst, dass ihm ein …

   O: Rohr auf den Kopf fällt
   A: Stein auf den Kopf fällt
   I: Dachziegel auf den Kopf fällt

3. Einsteins Mutter ist in ihrem weihnachtlichen …

   T: Winterschlaf
   E: Aufräumwahn
   M: Einkaufsstress

4. Basti und Einstein suchen …

   B: eine Lücke im Zaun
   T: eine Tür
   S: nach einer Idee

LÖSUNGSWORT:

Lösung siehe S. 150

8. Dezember

noch 16 Tage bis Weihnachten

Das Versteck

Vom Zaun aus beobachten Basti und Einstein, wie der Typ nun einen Karton nach dem anderen aus seinem Bus holt und in die alte Molkerei schleppt.
„Das sind doch Fernseher und mindestens zehn Stück", flüstert Einstein verblüfft.
Basti nickt. „Wenn das drin ist, was man vorne drauf sehen kann, auf jeden Fall. Aber warum lagert der Typ so wertvolle Sachen in einer heruntergekommenen Molkerei?"
Einstein zuckt mit den Schultern. „Keine Ahnung. Mir jedenfalls wäre das viel zu gefährlich. Stell dir mal vor, das morsche Dach kommt von oben runter, dann sind die alle hin. Das ist doch verrückt!"
„Nicht, wenn man die Sachen verstecken will", meint Basti da und beißt sich nachdenklich auf die Unterlippe.
„Der Typ ist aber bestimmt nicht der Weihnachtsmann, und das hier ist auch kein geheimes Geschenkelager", sagt Einstein.
Basti verdreht die Augen. „Nee, natürlich nicht. Ich glaube, der Kerl versteckt die Sachen dort vor der Polizei."
„Klar! Der hat die Fernseher geklaut. Das heißt, wir sind wirklich einem echten Verbrechen auf der Spur. Wie cool ist das denn?"
„Nun mal langsam, du Superdetektiv!" Basti lacht. „Das ist erst mal nur eine Vermutung. Außerdem sollten wir wieder in Deckung gehen. Ich glaube, der Typ ist fertig mit Ausladen."
Schnell verstecken sich die beiden erneut hinter dem Stromkasten und wagen sich erst wieder hervor, nachdem der Bus längst außer Sichtweite ist. Dann untersuchen sie den Zaun genauer.
„Der ist an dieser Stelle gar nicht mit den Metallpfosten verschraubt,

sondern lehnt nur locker dagegen", stellt Basti erstaunt fest. „Allerdings merkt man das nur, wenn man ganz genau hinschaut."
„Oder weiß, wonach man suchen muss", sagt Einstein und grinst. „Na, was ist? Sollen wir uns auf dem Gelände noch ein bisschen umsehen?"
„Nee, lieber erst morgen. Es wird gleich dunkel und ich will mir kurz vor Weihnachten nicht noch beide Beine brechen, bei dem Gerümpel, das da überall herumliegt. Oder hast du vielleicht eine Taschenlampe dabei?"
Einstein schüttelt den Kopf.
„Können wir dann noch schnell eine Runde über den Weihnachtsmarkt machen? Ich will endlich das Wichtelgeschenk für die Adventsfeier kaufen und die zehn Euro von Herrn Händel habe ich in meiner Hosentasche."
„Gute Idee", meint Basti. „Ich könnte etwas Süßes vertragen, quasi als Nervennahrung, und dort gibt es die besten gebrannten Mandeln der Welt."

Am nächsten Tag machen sich Basti und Einstein gleich nach der Schule wieder auf den Weg zur alten Molkerei. Dort angekommen, schauen sie sich vorsichtig nach allen Seiten um. Erst als sie sich ganz sicher sind, dass sie niemand beobachtet, schieben sie das lose Zaunelement ein Stück weit zur Seite – nur so viel, dass sie gerade so hindurchschlüpfen können.
„Das ist ja ganz leicht", stellt Einstein fest und geht als Erster. Dann folgt Basti und schon stehen die beiden auf dem Molkereigelände.
„Jetzt schauen wir uns die Kartons mal genauer an", sagt Basti und holt eine kleine Digitalkamera aus seinem Ranzen. „Dann können wir auch gleich Beweisfotos machen."
„Coole Idee!"

Langsam schleichen die beiden in Richtung des Flachbaus. Dabei schauen sie sich immer wieder nach allen Seiten um, um sicherzugehen, dass niemand sie beobachtet. Schließlich haben sie das Gebäude erreicht.

„Da! Durch dieses Loch in der Wand hat der Typ die Fernseher in die Molkerei gebracht", flüstert Einstein.

„Da gab es früher sicher mal eine Tür." Basti schaut sich suchend um. Währenddessen ist Einstein schon im Inneren der Molkerei verschwunden. Basti zögert. Sollen sie nicht doch besser gleich zur Polizei gehen und berichten, was sie beobachtet haben? Immerhin sieht der Flachbau wirklich so aus, als könnte er jeden Augenblick einstürzen. Aber wenn der Typ nun gar kein Dieb ist? Dann hätten Einstein und er ihn ganz ohne Grund verdächtigt und obendrein noch bei der Polizei angeschwärzt. Das wäre ziemlich peinlich. Es hilft nichts, sie brauchen erst Beweise.

„Mensch, wo bleibst du denn?", ruft Einstein jetzt ungeduldig aus dem Inneren der Molkerei.

Basti holt einmal tief Luft und geht hinein.

„Na endlich! Es sind wirklich Fernseher, ich habe schon nachgeschaut."

Einstein zieht Basti hinter sich her in einen großen Raum, der verhältnismäßig gut erhalten ist. Zwar bröckelt hier und da der Putz von den Wänden und es riecht muffig, aber Dach und Fußboden haben keine nennenswerten Löcher. In einer Ecke stapeln sich mindestens dreißig Kartons in unterschiedlichen Größen.

„Siehst du, da sind auch noch jede Menge Computer und Laptops."

„Das ist krass!", sagt Basti und schießt das erste Foto.

Rätsel

Wohinter verstecken sich Basti und Einstein?

Was will Einstein auf dem Weihnachtsmarkt kaufen?

Was braucht Basti zur Stärkung?

Was holt Basti aus seinem Ranzen?

Was finden Einstein und Basti in der Molkerei?

LÖSUNGSWORT:

Lösung siehe S. 150

9. Dezember

△△△ noch 15 Tage bis Weihnachten △△△

Die Entdeckung

Plötzlich entdeckt Basti auf einem der Kartons einen Aufkleber.
„Elektro Schreiber, der Fachhändler ganz in Ihrer Nähe“, liest er vor und dreht sich zu Einstein um. „Das Geschäft kenne ich. Es liegt in der Fußgängerzone direkt am Markt. Ich habe dort mit meinem Papa letztens noch ein Verlängerungskabel gekauft.“
„Dann hat der Dieb die Sachen dort geklaut“, vermutet Einstein.
„Könnte sein.“
Die beiden schauen sich nun auch die anderen Kisten genauer an.
„Hier ist ebenfalls einer drauf“, ruft Einstein da aufgeregt und deutet auf die Verpackung eines Computers weiter hinten im Raum.
„Und die anderen Kartons haben alle eine Stelle, wo früher etwas festgeklebt war“, ruft Basti. „Man sieht die Abrissspuren noch ganz deutlich. Nur bei diesen beiden hier hat der Typ mit dem blauen Bus es scheinbar vergessen.“
„Kein Wunder, so eilig, wie der es gestern hatte“, sagt Einstein.
Basti nickt. „Ich mache noch schnell ein Foto und dann verschwinden wir von hier. Für meinen Geschmack sind wir sowieso schon viel zu lange in diesem morschen Gemäuer. – Fertig!“
Die beiden laufen zurück zum Zaun und verschließen die Lücke wieder – geschafft! Basti und Einstein atmen erleichtert auf.
„Jetzt müssen wir nur noch die Bilder zur Polizei bringen“, meint Basti erleichtert.
„Dann müssen wir aber auch zugeben, dass wir auf dem Molkereigelände waren, und bekommen selbst jede Menge Ärger. Außerdem sollten wir abwarten, bis sich Knecht Ruprecht wieder meldet. Der braucht wirklich unsere Hilfe, glaube ich. Danach können wir immer noch zur Polizei“, gibt Einstein zu bedenken.

„Du hast recht. Und nun?“
„Wir könnten uns doch bei Elektro Schreiber etwas umsehen“, schlägt Einstein vor.
„Okay, dann los! Ich habe noch eine knappe Stunde Zeit, bevor meine Mutter von der Arbeit kommt. Kurz vor Weihnachten ist

im Blumenladen immer die Hölle los und Hausaufgaben kann ich auch heute Abend noch machen, ist eh nicht viel."
„Ein Gedicht über das Christkind selber schreiben." Einstein stöhnt, während er neben Basti herläuft. „Das nennst du wenig?"
Basti grinst. „Ich kann ja zwei Gedichte machen und du lässt mich morgen früh die Matheaufgaben bei dir abschreiben."
„Super! Das ist ein Deal. Und dieses Mal erwischt uns keiner."
„Worauf du dich verlassen kannst! Das passiert uns nicht noch einmal. Ich glaube übrigens, dass Emma Knecht Ruprecht ist", sagt Basti da. „Wie kommst du denn darauf?", fragt Einstein verblüfft.
„Gestern in der Schule, da hat sie uns die ganze Zeit beobachtet."
„Bist du dir sicher?"
„Ja, eigentlich schon", antwortet Basti. „Als es mir aufgefallen ist, habe ich mich zu ihr umgedreht und sie direkt angesehen. Da hat sie ganz schnell weggeschaut und versucht, so zu tun, als wenn nichts gewesen wäre. Doch dabei ist sie ganz rot geworden."
„Komisch."
„Eben! Deshalb glaube ich ja, dass Emma Knecht Ruprecht ist."
„Aber Frau Obermanns Enkelin ist Emma nicht", zweifelt Einstein.
„Und wenn sie Emma trotzdem kennt?", meint Basti da. „Wir können ihr ja mal unser Klassenfoto zeigen. Vielleicht erkennt sie Emma ja darauf."
Einstein zieht die Stirn kraus. „Dann hätte Emma also gewusst, dass Frau Obermann Geburtstag hatte, obwohl sie nicht ihre Enkelin ist? Eher unwahrscheinlich, findest du nicht?", sagt er wenig überzeugt.
„Ja, stimmt." Basti kaut nachdenklich auf seiner Unterlippe herum. „Vielleicht gibt es ja einen anderen Grund, warum Emma sich so auffällig benommen hat. Aber welchen?"

Das Elektrofachgeschäft Schreiber ist ein kleiner, unscheinbarer Laden, eingeklemmt zwischen zwei riesigen Kaufhäusern, aus denen laute Weihnachtsmusik dröhnt. Hier wie dort laufen Menschen geschäftig rein und mit vollen Tüten wieder raus. Oder sie bleiben vor den großen Schaufenstern stehen und drücken sich die Nasen an den Scheiben platt. Dahinter liegen auf der einen Seite wunderschöne Damenhandtaschen, Mäntel und Schuhe hübsch dekoriert auf weißen Schlitten zwischen silbrig glitzernden Tannen, während auf der anderen Seite die allerneuesten Fernsehgeräte und Computer zu bestaunen sind. In einem weiteren Schaufenster fährt sogar eine kleine Eisenbahn Runde um Runde durch eine winterliche Weihnachtswunderwelt und begeistert Kinder genauso wie Erwachsene.

Ganz anders dagegen bei Schreibers Elektrowaren – durch die matten Scheiben erkennen Basti und Einstein einen Flachbildfernseher und drei Laptops, die irgendjemand dort lieblos auf schwerem Samt abgestellt hat, der auch schon mal besser aussah. An einigen Stellen zeigen sich hässliche Risse im Stoff und die rote Farbe ist teilweise nur noch ein müdes Rosa.

„Freiwillig bleibt hier bestimmt keiner stehen, um zu schauen", sagt Basti skeptisch.

Auch Einstein wundert sich. „Warum hat der Dieb ausgerechnet hier die Sachen geklaut, wenn es doch gleich nebenan viel mehr zu holen gibt?"

„Vielleicht, weil es in dem kleinen Elektrogeschäft keine Alarmanlage und keinen Sicherheitsdienst gibt", antwortet Basti. „Komm, wir gehen rein."

Rätsel

Hier sind einige Buchstaben aber gehörig durcheinandergewürfelt worden. Findest du die richtige Reihenfolge?

☐☐☐☐

SEFT

☐☐☐☐☐

ECHOS

☐☐☐☐☐

MUTAR

☐☐☐

TOR

☐☐☐☐☐

LASTL

LÖSUNGSWORT:

☐☐☐☐☐

Lösung siehe S. 150

10. Dezember

⁂ noch 14 Tage bis Weihnachten ⁂

Ein komischer Vogel

Überraschenderweise wirkt das Elektrofachgeschäft Schreiber von innen aber hell und freundlich. Gleich vorne liegen, in halbhohen Regalen fein säuberlich sortiert, Kabel, Stecker, Steckdosen und Glühbirnen aller Art, während man Fernseher und Computer im hinteren Teil des Ladens findet. Außerdem hat jemand einige Sonderangebote speziell zur Weihnachtszeit auf zwei kleinen Tischen direkt neben der Kasse gut sichtbar aufgestellt.

„Hier drinnen ist es doch ganz nett“, stellt Einstein erstaunt fest.

„Was man von dem Typen hinter der Kasse wohl eher nicht behaupten kann“, sagt Basti leise.

Dort steht ein Mann in verwaschener Jeans und lässigem Shirt und schaut sie durch seine modischen Brillengläser an, als könne er sie allein mit seinem durchdringenden Blick wieder aus dem Geschäft herauskatapultieren – und das im Nullkommanix.

„Wow, der hat aber mal so gar keinen Bock auf uns“, flüstert Einstein Basti ins Ohr.

Basti nickt. „Aber der Typ mit dem blauen Bus ist das nicht.“

„Ihr habt euch wohl verlaufen“, brummt der Mann hinter der Kasse und dabei klingt seine Stimme genauso unfreundlich wie erwartet. „Computerspiele gibt es nebenan. Also macht, dass ihr weiterkommt.“

„Wir … sind … wir … wollten“, stottert Einstein und wird rot.

Auch Basti weiß im ersten Augenblick gar nicht, was er sagen soll. Mist! Warum haben sie sich das denn bloß nicht vorher überlegt? Er entscheidet sich schließlich für die Wahrheit. „Wir sind hier wegen des Diebstahls. Bei Ihnen sind doch Fernseher und Computer gestohlen worden, oder?“

„Was?" Der Typ hinter der Kasse starrt Basti und Einstein fassungslos an und es vergeht einige Zeit, bis er die Sprache wiedergefunden hat.
„Das geht euch Rotzlöffel einen Scheißdreck an!", brüllt er dann. „Verschwindet, sonst mache ich euch Beine!" Dabei droht er Basti und Einstein mit erhobener Faust.

Die beiden wissen gar nicht, wie ihnen geschieht. Blitzschnell verlassen sie den Laden und rennen voller Panik die Straße hinunter. Sie bleiben erst stehen, als sie sich ganz sicher sind, dass der Typ sie nicht verfolgt.
„Was für ein kompletter Idiot!", keucht Einstein völlig außer Atem. „Warum ist der denn plötzlich so ausgetickt?"
„Ich habe keine Ahnung", antwortet Basti und holt tief Luft. „Ganz richtig im Kopf ist der jedenfalls nicht."
„Nee, bestimmt nicht. Jeder normale Mensch hätte doch erst mal gefragt, woher wir überhaupt von dem Diebstahl wissen."
„Richtig! Ein komischer Vogel ist das." Basti schüttelt nachdenklich den Kopf. „Man könnte fast meinen, es ist ihm unangenehm, über den Diebstahl zu reden. Aber warum?"
„Vielleicht denkt er, es ist geschäftsschädigend, wenn jemand weiß, dass bei ihm geklaut wurde", vermutet Einstein.
„Schädlicher als die olle Samtdecke und die schmutzigen Fensterscheiben?" Basti zieht die Stirn kraus. „Ich glaube, da steckt etwas anderes dahinter." „Und was?"
Basti zuckt mit den Schultern. „Weiß ich auch noch nicht. Aber jetzt muss ich erst mal nach Hause. Ich habe meinem Vater versprochen, mit ihm einen Weihnachtsbaum auszusuchen."

Am nächsten Morgen in der Schule fällt Basti sofort auf, dass Emma Einstein und ihn wieder beobachtet. Oder etwa doch nicht? Auf einmal ist er sich ganz sicher, dass sie ständig nur zu ihm rüberschielt. Für Einstein dagegen interessiert sie sich scheinbar nicht die Bohne. Was soll das denn? Basti zermartert sich den Kopf, aber er kommt einfach nicht drauf. Schließlich klingelt es zur Pause. Noch während er und Einstein den Klassenraum verlassen, erzählt er seinem Freund von seiner Entdeckung.

„Ist doch glasklar", meint Einstein nur und grinst breit. „Emma mag dich."
Basti bekommt Stielaugen und schnappt nach Luft. „Du meinst …"
„Natürlich!" Einstein lacht und klopft Basti freundschaftlich auf die Schulter. „Mensch, du bist echt schwer von Begriff. Emma ist verknallt in dich!"
„Pst, nicht so laut!", flüstert Basti und wird knallrot im Gesicht.
„Muss dir doch nicht peinlich sein. Emma ist doch total nett und hübsch ist sie auch."
„Ja, schon. Aber ich weiß gar nicht, ob ich schon eine Freundin will", sagt Basti verlegen. „Mit Händchen halten und … na du weißt schon. Das ist doch megapeinlich."
„Dann geh zu ihr und erklär es ihr", sagt Einstein da, als wäre es das Einfachste der Welt.
„Ach, und wie, du Schlauberger? Schließlich will ich nicht, dass sie danach total sauer auf mich ist."
„Mmh, das könnte allerdings passieren." Einstein macht eine kurze Pause. „Warte doch erst mal ab, was Emma macht", schlägt er schließlich vor. „Wenn sie weiterhin nur heimlich für dich schwärmt, ist doch alles gut. In dem Fall kannst du einfach so tun, als hättest du es gar nicht bemerkt."
„Klingt nach einem guten Plan." Basti lächelt erleichtert. „Wollen wir uns heute Nachmittag noch mal bei Elektro Schreiber treffen? Ich finde, wir sollten uns da noch mal ein wenig umschauen."
„Okay, aber dieser verrückte Typ darf uns auf keinen Fall erwischen. Sonst sind wir geliefert."
Basti nickt. Schon allein bei dem Gedanken, was der Kerl alles mit ihnen anstellen könnte, jagt ihm ein kalter Schauer über den Rücken. „Du hast recht, wir müssen extrem vorsichtig sein."

Rätsel

In diesem Suchsel sind fünf Wörter versteckt. Findest du sie?
Sie lauten: Computer, Diebstahl, Emma, Vogel, Plan

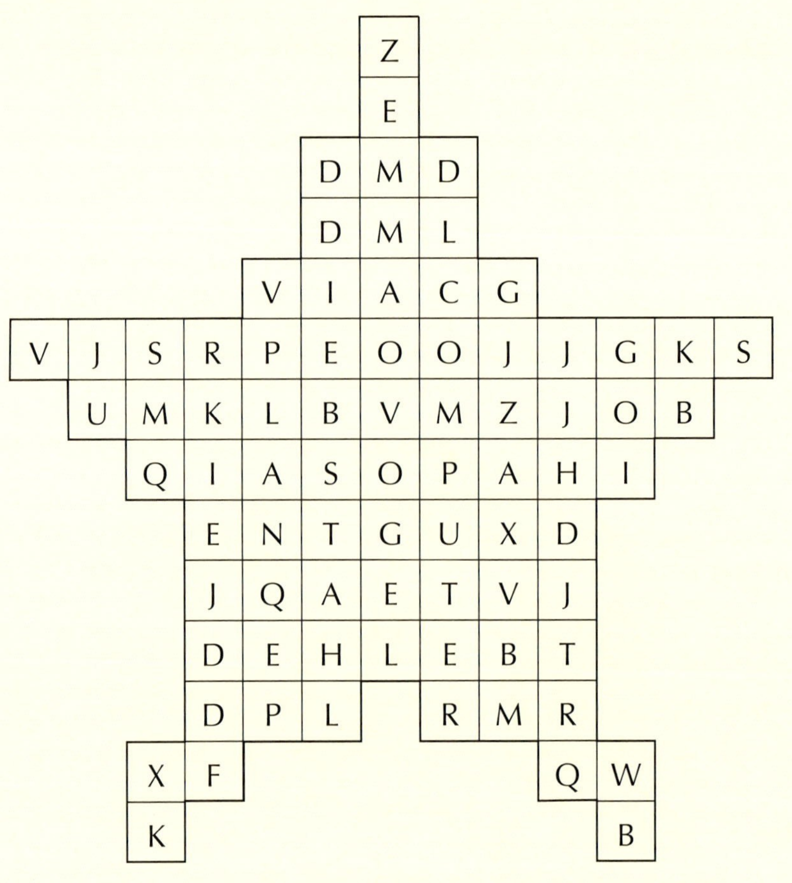

Lösung siehe S. 150

11. Dezember

noch 13 Tage bis Weihnachten

Komplizen?

Am Nachmittag stehen Basti und Einstein vor dem Elektrofachgeschäft in der Fußgängerzone und tun so, als würden sie die Auslage im Schaufenster betrachten.
„Und was machen wir jetzt?", murmelt Einstein unschlüssig.
Basti zuckt mit den Schultern. „Auf gar keinen Fall gehe ich noch einmal zu dem Irren rein, das steht fest."
„Ich auch nicht! Aber hier nur herumstehen und nichts tun, ist auch blöd." Einstein bläst warmen Atem in seine Hände. „Außerdem wird mir so langsam kalt."
Ausgerechnet heute hat es angefangen zu schneien. Doch weder Basti noch Einstein haben Handschuhe und Schal dabei. Basti kuschelt sich tiefer in den Kragen seines Anoraks.
Da kommt ein Mann aus dem Elektrofachgeschäft und geht, ohne sie weiter zu beachten, an ihnen vorbei. Bastis Herz pocht wild vor Aufregung. Das ist doch der Typ von der Molkerei! Er ist sich ganz sicher und auch Einstein scheint den Mann erkannt zu haben.
„Das gibt es doch gar nicht!", raunt er und schüttelt fassungslos den Kopf.
„Los, komm, mal schauen, wo er hinwill", flüstert Basti.
Vorsichtig und mit großem Abstand folgen Basti und Einstein dem Mann. Dabei müssen sie höllisch aufpassen, dass sie ihn nicht aus den Augen verlieren. Gerade jetzt, in der Adventszeit, ist in der Fußgängerzone immer jede Menge los. Männer wie Frauen hasten mit verbissenen Gesichtern von einem Geschäft ins nächste auf der Suche nach dem passenden Weihnachtsgeschenk, während sich andere einfach vom bunten Weihnachtstrubel treiben lassen.
„Mmh, riecht das aber gut!" Einstein ist für einen winzigen Mo-

ment abgelenkt. „Heute Mittag gab es bei uns nur Spinat. Boah, damit kannst du mich jagen."

„Ich spendiere dir nachher ein riesiges Lebkuchenherz", verspricht Basti und zieht Einstein weiter. „Aber komm jetzt."

„Lieber ein Würstchen."

Basti verdreht die Augen. „Von mir aus auch das. Da, der Typ biegt in eine kleine Seitengasse ein."

Dort endet die Fußgängerzone und Autos parken dicht an dicht am Straßenrand.

„Jetzt steigt er in einen weißen Kleinwagen."

Basti klingt fast ein wenig enttäuscht. Irgendwie hatte er gehofft, dass sie hier auch den dunkelblauen Bus wiederfinden würden. Da bleibt er plötzlich wie angewurzelt stehen.

„Das glaube ich nicht! Auf den Autotüren und der Heckscheibe steht doch tatsächlich …"

„… Elektro Schreiber, der Fachhändler ganz in Ihrer Nähe", sagt Einstein nicht weniger überrascht. „Arbeitet der Kerl etwa für den Laden?"

„Sieht ganz so aus, oder warum sollte er sonst Reklame für Schreiber fahren? Und er beklaut seinen eigenen Chef."

„Vielleicht stecken er und der unfreundliche Verkäufer aus dem Elektroladen ja sogar unter einer Decke", vermutet Einstein.

Basti nickt. „Könnte sein. Das würde jedenfalls erklären, warum der Typ uns gestern fast an die Gurgel gegangen wäre, als wir ihn nach dem Diebstahl gefragt haben."

„Genau! Der hatte nämlich mächtig Schiss, wir könnten etwas über ihn und seinen Komplizen herausfinden."

„Haben wir ja auch", sagt Basti lässig und grinst. „Eigentlich könnten wir jetzt zum Inhaber des Elektrogeschäfts gehen und ihm erzählen, dass seine zwei feinen Angestellten ihn beklauen."

Schreiber
Elektro-

„Dazu müssten wir allerdings erst mal wissen, wem das Geschäft gehört", gibt Einstein zu bedenken. „Wir können ja schlecht den Kerl aus dem Laden nach seinem Chef fragen."
„Nee, der dreht uns den Hals um", sagt Basti und schüttelt sich. „Aber wie finden wir dann heraus, wer der Chef dieser beiden Knalltüten ist?"
„Das weiß ich leider auch nicht", antwortet Einstein. „Aber vielleicht sollten wir jetzt zur Polizei gehen …"
Basti beißt sich nachdenklich auf die Unterlippe „Zuerst müssen wir endlich herausbekommen, wer hinter Knecht Ruprecht steckt", sagt er dann. „Schließlich war er es, der uns zur alten Molkerei geschickt hat, damit wir uns dort umschauen. Also muss er auch etwas über die Fernseher und die Computer wissen, die dort lagern. Und er braucht wirklich unsere Hilfe!"
„Gute Idee! Vielleicht kennt er sogar den Typen mit dem blauen Bus."
„Auf jeden Fall sind ihm Frau Obermann, Herr Händel und der Schuppen auf dem Sportplatz bekannt."
„Und es muss jemand aus unserer Klasse sein", ergänzt Einstein. „Nämlich Emma, Lukas oder Mira. Wobei ich nicht glaube, dass es deine Freundin Emma ist." Einstein grinst.
„Ha, ha! Wir fühlen den dreien jetzt mal kräftig auf den Zahn, auch Emma, nur um sicherzugehen", schlägt Basti vor.
„Einverstanden. Und mit wem fangen wir an?"
„Mit Lukas. Wir sagen ihm einfach morgen früh in der großen Pause, dass wir ihn von Frau Obermann und Herrn Händel grüßen sollen, und schauen, wie er reagiert."
Einstein nickt. „So machen wir das. Bekomme ich jetzt mein Würstchen?"

Rätsel

Richtig oder falsch?

Basti und Einstein beobachten das Elektrofachgeschäft aus der Ferne.
richtig falsch

Ausgerechnet heute regnet es Bindfäden.
richtig falsch

Aus dem Elektrofachgeschäft kommt eine alte Dame.
richtig falsch

Die Verfolgungsjagd geht durch die Fußgängerzone.
richtig falsch

Der Typ steigt in einen weißen Kleinwagen.
richtig falsch

Lösung siehe S. 150

12. Dezember

noch 12 Tage bis Weihnachten

Auf der Suche nach Knecht Ruprecht

Als es am nächsten Morgen zur großen Pause schellt, flitzen die beiden sofort zu Lukas und Basti setzt ihren Plan gleich in die Tat um.
„He, warte mal, wir sollen dich von dem alten Herrn Händel grüßen."
„Von wem?" Lukas schaut völlig verdutzt von Basti zu Einstein.
„Er wohnt in der Turmstraße und hat zwei große Eichen im Garten", sagt Einstein. „Na, klingelt es?"
„Nee, überhaupt nicht. Ich kenne niemanden, der dort wohnt." Lukas schüttelt den Kopf.
„Aber eine Frau Obermann im Wacholderweg?" Basti lässt noch nicht locker.
„Klar, die kenne ich", antwortet Lukas. Basti und Einstein blicken ihn gespannt an.
„Bei der habe ich früher mal Flöte gespielt. Das ist aber schon ewig her, da war ich noch im Kindergarten. Aber warum wollt ihr das wissen?"
„Oh, ich glaub, ich muss mal ganz dringend aufs Klo", meint Basti da und wirft Lukas einen entschuldigenden Blick zu. Dann rennt er, so schnell er kann, in Richtung Jungentoilette davon, Einstein hinterher.
„Na, das hat ja mal gar nichts gebracht", schnauft Einstein noch völlig außer Atem und lugt durch die offene Toilettentür. „Wenigstens kommt Lukas uns nicht hinterher."
„Immerhin wissen wir jetzt, dass er Herrn Händel nicht kennt und Frau Obermann ewig nicht gesehen hat", stellt Basti fest und holt einmal tief Luft.

„Wissen wir das wirklich? Lukas hat sich vielleicht nur verstellt."
„Kann auch sein. Mal schauen, wie Emma und Mira reagieren."

Emma spielt mit ihren Freundinnen auf dem Schulhof Hüpfekästchen.
„Hey, Emma, können wir dich mal was fragen?", sagt Basti.
„Was denn?", will Emma wissen und knetet verlegen ihre Fingerspitzen. Dabei leuchten ihre Augen wie Nebelscheinwerfer und sie hat so ein komisches Grinsen im Gesicht. Basti macht dieses Verhalten irgendwie ganz kribbelig. Deshalb ist er heilfroh, als Einstein für ihn antwortet.

„Wir wollen nur wissen, ob du vielleicht einen Herrn Händel kennst."

„Nein", antwortet Emma prompt und ihre Wangen glühen. „Warum?"

„Wir haben seine Handschuhe gefunden und wollen sie ihm gerne zurückgeben. Aber wir wissen leider nicht, wo er wohnt", schwindelt Einstein dieses Mal.

Basti wirft seinem Freund einen anerkennenden Blick zu. Coole Ausrede! Jedenfalls zehntausend Mal besser als seine Idee vorhin mit dem Klo.

„Tut mir leid, aber da kann ich euch nicht helfen", sagt Emma aufrichtig.

„Nicht schlimm. Wir fragen mal Mira, vielleicht kennt sie Herrn Händel ja." Basti versucht, möglichst lässig zu klingen. Dann schnappt er sich Einstein und beide laufen los.

„Bloß weg!", denkt Basti.

„Mensch, ist die verknallt in dich", sagt Einstein und lacht, als sie außer Hörweite sind.

„Irgendwie unangenehm. Aber Knecht Ruprecht ist Emma nicht, da bin ich mir sicher."

„Ich auch! Die würde dich doch niemals erpressen, so verliebt, wie die ist – höchstens um einen Kuss."

„Blödmann!" Basti holt aus und knufft seinem Freund mit dem Ellenbogen einmal kräftig in die Seite. „Lass uns lieber Mira suchen, bevor die Pause zu Ende ist."

Die beiden sehen sich suchend auf dem Schulhof um, doch sie können Mira nirgends entdecken.

„Wo steckt sie bloß?", mault Einstein ungeduldig. Sie rennen zum Klettergerüst, zur Schaukel und schauen sogar hinter der Turnhalle nach, wo sich der Schulgarten befindet und im Sommer Möhren

und Radieschen wachsen. Nichts! Da klingelt es und sie müssen zurück ins Klassenzimmer. Dort sitzt Mira bereits auf ihrem Platz, und es sieht ganz so aus, als hätte sie geweint.
„Was ist denn passiert?", erkundigt sich Basti.
„Ich bin hingefallen", schluchzt Mira. „Jetzt ist meine neue Hose kaputt und mein Knie brennt wie Feuer."
Basti überlegt einen Augenblick. Soll er die Gelegenheit nutzen und Mira noch schnell fragen, wie ihre Oma heißt? Nee, lieber nicht! Frau Kurtz, ihre Deutschlehrerin, könnte jeden Augenblick kommen und mit dem Unterricht beginnen. Außerdem ist Mira gerade viel zu sehr mit ihrem kaputten Knie beschäftigt.
„Dann eben später. Aufgeschoben ist ja nicht aufgehoben", murmelt Basti und setzt sich neben Einstein.
„Gehen wir heute Nachmittag noch mal auf den Weihnachtsmarkt? Ich brauche schließlich auch noch ein Wichtelgeschenk", flüstert er seinem Freund zu.
„Klar, machen wir."
„Das wird übrigens gar nicht so einfach." Basti seufzt.
„Warum, wen hast du denn gezogen?"
„Emma", antwortet Basti prompt und guckt zerknirscht.
Einstein kann sich das Lachen kaum verkneifen. „Das passt ja", gluckst er.

Rätsel

Basti und Einstein befragen als Erstes …

Danach rennen Basti und Einstein in die …

Hinter der Turnhalle befindet sich der …

Basti und Einstein finden Mira schließlich im …

Mira blutet am …

LÖSUNGSWORT:

Lösung siehe S. 151

13. Dezember

△△△ noch 11 Tage bis Weihnachten △△△

Erwischt

„Ich liebe Weihnachtsmärkte", nuschelt Einstein mit vollem Mund und kaut genüsslich. Basti und er haben sich am Stand vor dem großen Einkaufszentrum einen Crêpe mit Schokocreme gekauft. Basti nickt und leckt sich die Finger ab. Lecker! Beide schlendern entlang an kleinen Holzbuden mit Engelsfiguren, Bienenwachskerzen und Christbaumkugeln.
„Meinst du wirklich, Lukas ist unser Knecht Ruprecht?", fragt Basti nachdenklich.
„Ja, vielleicht." Einstein zuckt mit den Schultern. „Aber wir müssen morgen früh erst noch mit Mira sprechen."
„Sehe ich auch so. Doch jetzt brauche ich dringend etwas zu trinken. Sonst verdurste ich."
„Dort gibt es Kinderpunsch", sagt Einstein und bleibt plötzlich wie angewurzelt stehen. „Da vorne ist Mira."
„Tatsächlich!" Jetzt hat auch Basti sie entdeckt. Sie steht gemeinsam mit einem Pärchen vor einem Lebkuchenstand. „Komm, wir gehen zu ihr. Dann können wir sie auch gleich befragen."
„Nee, warte mal. Ich kenne den Mann, der da bei Mira steht. Das ist der Platzwart von unserem Fußballverein."
„Was?"
„Ich bin mir ganz sicher, und Mira und er scheinen sich richtig gut zu kennen", bemerkt Einstein. „Immerhin hat er Mira gerade ein Lebkuchenherz gekauft."
„Krass! Dann kennt sie bestimmt auch den Schuppen auf dem Sportplatz", vermutet Basti.
„Und Frau Obermanns Enkelin heißt Mira. Ich glaube, wir haben unseren Knecht Ruprecht."

SUSI

„Komm, wir gehen hin und sagen Hallo“, schlägt Basti vor. „Ich bin gespannt, wie sie reagiert.“
„Gute Idee! Ich bin dabei.“
„Hey, Mira, schöne Grüße an Knecht Ruprecht“, sagt Basti cool und lächelt, als er und Einstein betont langsam an Mira vorbeigehen. Mira starrt den beiden mit offenem Mund hinterher und wird knallrot. Volltreffer! Basti kann sich das Lachen kaum verkneifen und auch Einstein grinst wie ein Honigkuchenpferd.

Als Basti und Einstein am nächsten Morgen zur Schule kommen, werden sie bereits erwartet. Wie ein begossener Pudel steht Mira vor der großen Eingangstür der Schule und schaut verlegen auf den Boden.
„Ihr wisst also, dass ich die Briefe geschrieben habe“, flüstert sie und ihre Stimme zittert ein wenig.
„Allerdings“, brummt Basti verärgert. „Weißt du eigentlich, was für ein mieses Gefühl es ist, wenn man erpresst wird? Warum hast du das denn bloß gemacht?“
„Ich war so traurig, dass meine Oma an ihrem Geburtstag nachmittags ganz alleine ist“, schluchzt Mira jetzt. „Und unserem Nachbarn, dem alten Herrn Händel, hilft niemand. Seine Enkel besuchen ihn nie.“
„Verstehe. Aber warum hast du uns dazu gezwungen, Laub zu harken und Kekse zu backen?“, fragt Basti. „Das hättest du doch auch selber machen können.“
Mira schüttelt den Kopf. „Alleine hätte ich doch Tage gebraucht, um die vielen Blätter aufzusammeln, und an Omas Geburtstag musste ich nachmittags unbedingt zum Ballett. Wir haben bald unsere große Weihnachtsaufführung und ich tanze zum ersten Mal ein Solo“, erzählt sie und dicke Tränen laufen ihr über die

Wangen. „Zwar haben wir Omas Geburtstagsfeier am Wochenende nachgeholt und sie abends noch besucht, aber das ist doch nicht dasselbe!“

„Stimmt“, denkt Basti und stellt sich vor, er müsste seinen Geburtstagskuchen ganz alleine essen. Schrecklich! Auf einmal tut Mira ihm fast ein kleines bisschen leid. Eigentlich wollte sie den alten Leuten nur etwas Gutes tun, und Einstein und ihm hat es ja auch Spaß gemacht.

„Trotzdem hättest du uns fragen können, anstatt uns zu erpressen“, meint Basti noch. Doch seine Stimme klingt jetzt schon wieder viel versöhnlicher.

Mira nickt. „Das mit der Erpressung war eine ganz blöde Idee“, gibt sie zu und wischt sich mit dem Handrücken übers Gesicht. „Tut mir schrecklich leid.“

„Schon gut“, sagt Einstein da ungeduldig. „Verrat uns lieber, was es mit der alten Molkerei auf sich hat. Das finde ich im Augenblick nämlich viel spannender!“

„Habt ihr schon etwas herausgefunden?“, fragt Mira da und schaut erwartungsvoll von Einstein zu Basti.

Basti nickt. „Aber zuerst bist du dran mit Erzählen.“

„Abgemacht!“

In diesem Augenblick schellt es und die drei müssen in ihre Klasse. „Wir treffen uns in der großen Pause am Klettergerüst. Dann sage ich euch alles, was ich weiß“, verspricht Mira noch schnell und die drei laufen los.

Rätsel

In den folgenden Sätzen haben sich einige zusätzliche Buchstaben eingeschlichen. Finde sie und du erhältst das Lösungswort.

„Ich liebe Weihnachtsmärkte", nuschelt Einstein emit vollem Mund und kaut genüsslich. Basti und rer haben sich am Stand vor dem großen Einkaufszentrum einen Crêpe mit Schokocreme gekauft. Basti nicktw und leckt sich diei Finger ab. Lecker! Beide sschlendern entlang can kleinen Holzbuden mith Engelsfiguren, Bienenwachskerzen und Christbaumkugelnt.

LÖSUNGSWORT:

Lösung siehe S. 151

14. Dezember

noch 10 Tage bis Weihnachten

Miras Bruder

„Woher kennst du eigentlich den Platzwart?“, fragt Basti, als er und Einstein sich wie verabredet mit Mira in der großen Pause am Klettergerüst treffen.

„Du meinst Joachim? Er ist mein Patenonkel“, erklärt Mira. „Mein Papa und er kennen sich schon ewig und sind die dicksten Freunde. Und Christina, seine Frau, ist auch supernett. Sie war gestern zusammen mit uns auf dem Weihnachtsmarkt.“

„Haben wir gesehen“, sagt Basti.

„Aber das ist doch alles überhaupt nicht wichtig“, meckert Einstein da und verdreht die Augen. „Ich will jetzt endlich alle Infos über die alte Molkerei und den Typen mit dem blauen Bus.“

„Ihr habt Daniel gesehen?“ Mira bekommt vor Schreck ganz große Augen und ihre Stimme überschlägt sich fast.

„Wer ist Daniel?“, fragt Basti.

„Mein Bruder“, antwortet Mira kleinlaut und seufzt. Ungläubig starren Basti und Einstein Mira an, als hätte sie gerade vor ihnen einen dicken, fetten Frosch verschluckt.

„Ist nicht wahr!“, stößt Einstein hervor, nachdem er seine Stimme wiedergefunden hat.

„Doch, leider.“ Mira ist jetzt kalkweiß im Gesicht. „Aber Daniel ist kein Dieb, wirklich nicht! Er tut das nicht freiwillig, das müsst ihr mir glauben.“

„Ja, schon gut“, sagt Basti beruhigend. „Vielleicht können wir dir ja helfen, wenn du uns alles erzählst.“

„Einverstanden!“ Mira schnieft einmal kräftig. „Seit ein paar Tagen benimmt sich Daniel total komisch. Er ist ständig gereizt und schlecht gelaunt. Zu Hause gibt es deswegen nur noch Stress, und

als ich mit ihm darüber reden wollte, hat er mich an den Armen gepackt und aus seinem Zimmer geworfen. Das hat er vorher noch nie gemacht. Wir haben uns bis dahin immer super verstanden."
Mira macht eine kurze Pause und schaut traurig von Einstein zu Basti. „Also habe ich ihm nachspioniert. Ich weiß, es ist saublöd, wenn die kleine Schwester dem großen Bruder hinterherschnüffelt, aber was sollte ich denn machen?"
„Mach dir keinen Kopf", tröstet Basti. „An deiner Stelle hätte ich das ganz genauso gemacht."
Mira lächelt dankbar. „Vor ein paar Tagen war ich nachmittags bei Elektro-Schreiber. Mein Bruder macht dort eine Ausbildung, obwohl ich überhaupt nicht verstehe, wie man bei so einem miesen Chef arbeiten kann. Der ist der reinste Kotzbrocken, müsst ihr wissen, und daran ändern auch seine coolen Klamotten nichts. Egal wann man in den Laden kommt, er ist immer megaunfreundlich, besonders zu Kindern."
„Dann war der Typ, der uns vorgestern so angeschnauzt hat, wahrscheinlich Daniels Boss und gar nicht sein Komplize", murmelt Basti gedankenverloren.
„An diesem Tag war es im Geschäft rappelvoll, was eigentlich sonst nie der Fall ist. Die Kunden wollten alle irgend so ein neues Handyteil haben, das zu diesem Zeitpunkt in allen großen Kaufhäusern bereits ausverkauft war. Da war der kleine Elektroladen wohl eine Art Geheimtipp."
„Na, so geheim dann offensichtlich doch nicht", sagt Einstein trocken.
Mira grinst. „Jedenfalls konnte ich mich gut zwischen den ganzen Leuten verstecken. Da habe ich plötzlich beobachtet, wie Daniel mit seinem Chef durch eine Tür direkt hinter der Kasse verschwunden ist, und das, obwohl außer mir und den Kunden sonst niemand mehr im Laden war. Komisch, nicht?"

„Allerdings." Basti nickt. „Warum verlässt jemand sein Geschäft, wenn es gerade einmal so richtig gut läuft?"
„Genau das habe ich mich auch gefragt. Ich habe mich dann zwischen den ganzen Menschen hindurchgequetscht und bin den beiden heimlich gefolgt. Wenn sie mich erwischt hätten, hätte ich einfach behauptet, dass ich Daniel bei der Arbeit besuchen wollte."
„Ganz schön mutig." Basti wirft ihr einen anerkennenden Blick zu.
Mira strahlt. „Hinter der Tür befand sich ein kleiner Flur, der am Ende in einen Hof führte. Dort stand Daniel mit seinem Chef und die beiden unterhielten sich. Ich konnte hören, dass mein Bruder Fernseher und Computer in dem alten blauen Bus von seinem Boss zur Molkerei bringen und dort verstecken soll."
„Krass!", meint Basti erstaunt. „Dann ist Daniel ja wirklich kein Dieb!"
„Das sage ich doch die ganze Zeit!" Mira atmet erleichtert auf. „Merkwürdig ist allerdings, dass Daniels Chef die Sachen gestern dann alle als gestohlen gemeldet hat."
„Was?" Einstein blickt Mira ungläubig an.
„Wirklich", beteuert sie. „Die Polizei war sogar bei uns zu Hause und hat Daniel wegen des angeblichen Diebstahls verhört. Doch mein Bruder hat dichtgehalten und nichts gesagt."
„Aber das macht alles gar keinen Sinn", sagt Basti.
Mira schüttelt den Kopf. „Nein, natürlich nicht."

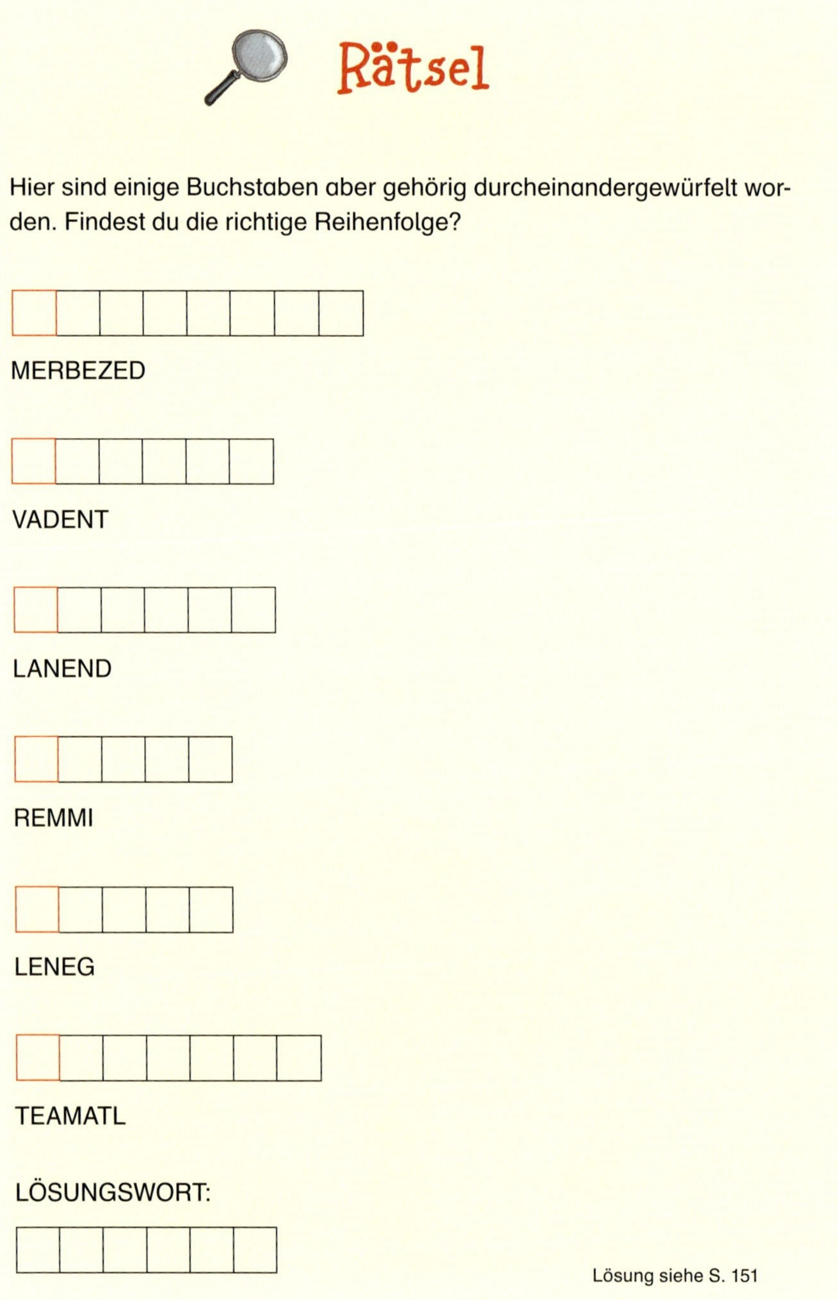

Rätsel

Hier sind einige Buchstaben aber gehörig durcheinandergewürfelt worden. Findest du die richtige Reihenfolge?

MERBEZED

VADENT

LANEND

REMMI

LENEG

TEAMATL

LÖSUNGSWORT:

Lösung siehe S. 151

15. Dezember

noch 9 Tage bis Weihnachten

Daniel in der Klemme

Am Nachmittag hocken Basti, Einstein und Mira in Bastis Zimmer und stecken die Köpfe zusammen.

„Warum meldet jemand Sachen als gestohlen, wenn er sie selbst weggeschafft hat?", fragt Basti. „Moment, Daniel hat die Sachen weggeschafft, aber sein Chef hat sie als gestohlen gemeldet." Einstein zieht nachdenklich die Stirn kraus. „Das ist in diesem Fall der entscheidende Unterschied! Sollte die Polizei nämlich die Sachen in der alten Molkerei finden, fällt der Verdacht sofort auf Daniel und sein Chef ist fein raus. Schließlich können wir nicht beweisen, dass Miras Bruder von seinem Boss beauftragt wurde, die Fernseher und Computer verschwinden zu lassen."

„Aber ich habe doch alles mit angehört", meint Mira da.

„Dann steht Aussage gegen Aussage. Um Daniels Unschuld zu beweisen, reicht das aber nicht", sagt Basti. „Warum hat dein Bruder überhaupt bei dieser Schweinerei mitgemacht?" Einstein schüttelt missmutig den Kopf.

„Weil er sonst vielleicht seinen Ausbildungsplatz verloren hätte", vermutet Mira und seufzt. „Wisst ihr, Daniel hatte vor etwa zwei Jahren schon einmal eine wirklich klasse Lehrstelle in einer Autowerkstatt. Damals war er allerdings in so einer komischen Clique und hatte die falschen Freunde. In dieser Zeit ist mein Bruder ständig zu spät zur Arbeit gekommen und hat die Berufsschule geschwänzt. Schließlich hat man ihm gekündigt. Papa war stinksauer deswegen und hat Daniel gedroht, dass er ihn rausschmeißt, wenn er es dieses Mal wieder vergeigt."

„Verstehe. Dein Bruder darf also auf gar keinen Fall seine Stelle bei Schreiber verlieren, und das nutzt dieser Fiesling von Chef gna-

denlos aus“, fasst Basti zusammen. „Und mit deinen Eltern kann Daniel nicht reden, weil er Angst hat, dass sie ihm nicht glauben, nach all dem, was er sich schon geleistet hat.“
Mira nickt und lässt die Schultern hängen.
„Kein Wunder, dass er in letzter Zeit so mies drauf ist. Er steckt wirklich ziemlich in der Klemme“, stellt Einstein fest.
„Aber mit mir hätte er doch wenigstens reden können“, sagt Mira traurig. „Ich hätte ihm geglaubt und geholfen.“
„Das kannst du ja jetzt immer noch“, meint Basti da. „Wir helfen dir dabei.“
„Wie denn?“
„Wir gehen alle zusammen zu euch nach Hause und erzählen Daniel, dass wir ihn bei der alten Molkerei gesehen haben, dass wir aber auch wissen, dass sein Chef hinter all dem steckt“, schlägt Basti vor.
Mira zögert. „Und wenn er ausrastet?“
„Ach was“, Einstein schüttelt den Kopf. „Er wird uns schon nichts tun. Immerhin sind wir zu dritt und er ist alleine.“
„Vielleicht ist er ja auch ganz froh, dass er endlich mit jemandem reden kann“, vermutet Basti.
„Also gut, versuchen wir es.“ Mira schaut auf die Uhr. „Jetzt ist es halb vier. In einer Stunde kommt Daniel von der Arbeit. Dann isst er etwas und zieht sich um. Sein Fußballtraining beginnt um halb sieben.“
„Okay, dann um halb fünf bei euch zu Hause“, sagt Basti.

Eine Stunde später sitzen Basti, Einstein und Mira ungeduldig bei Mira zu Hause in der Küche und zählen die Sekunden. Vor ihnen stehen drei große Becher mit dampfendem Kakao und ein Teller mit selbst gebackenen Plätzchen.

„Deine Mutter ist echt nett!“ Einstein schiebt sich einen Stern mit Schokoladenguss in den Mund. „Mmh, lecker!“
Da kommt Daniel endlich. Ohne ein Wort zu sagen, schmeißt er seine Tasche in die Ecke und geht an ihnen vorbei zum Kühlschrank.
„Wir warten noch“, flüstert Basti Mira und Einstein verschwörerisch zu. Die beiden nicken kaum merklich. Da dreht sich Miras Bruder plötzlich zu ihnen um.
„Ah, Kekse, darf ich auch welche?“, fragt er höflich und lächelt dabei sogar. Die drei atmen erleichtert auf.
„Klar“, antwortet Mira und schiebt ihm den Teller hin. Daniel nimmt sich eine Handvoll und verschwindet.
„Jetzt oder nie“, sagt Einstein und gemeinsam folgen sie Miras Bruder in sein Zimmer.
„He, geht's noch?“, beschwert Daniel sich lautstark. „Ich habe keinen Bock auf Gesellschaft, also zischt ab!“
Doch die drei lassen sich nicht so einfach wegschicken.
„Das sind Basti und Einstein. Sie gehen mit mir in dieselbe Klasse“, sagt Mira und ihre Stimme klingt dabei völlig ruhig.
Daniel prustet los. „Einstein? Nee, ist klar! Du siehst auf den Bildern aber immer viel älter aus. Wo hast du denn deinen Schnurrbart gelassen?“
„Sehr witzig“, meint Mira und verdreht die Augen. „Mensch Daniel, die Sache ist ernst!“

Rätsel

In den folgenden Sätzen haben sich einige zusätzliche Buchstaben eingeschlichen. Finde sie und du erhältst das Lösungswort.

Eine PStunde späterl sitzen Bastiä, Einstein und Mira tungeduldig bei Mira zzu Hause inc der Küche undh zählen die Sekunden. Vor ihnen stehen dreie große Becher mit dampfendem Kakao und ein Tellern mit selbst gebackenen Plätzchen.

LÖSUNGSWORT:

Lösung siehe S. 151

16. Dezember

noch 8 Tage bis Weihnachten

Der Plan

„Ihr habt mich also bei der alten Molkerei beobachtet“, knurrt Daniel gereizt und im ersten Moment sieht es so aus, als wolle er sich auf Basti stürzen. Doch dann sinkt er plötzlich wie ein Mehlsack in sich zusammen. Er hockt auf seiner Bettkante und vergräbt das Gesicht in den Händen.

„Jetzt ist alles aus“, murmelt er verzweifelt.

„So ein Quatsch!“, widerspricht Einstein energisch.

„Aber ihr denkt doch jetzt, dass ich ein Dieb bin“, meint Daniel niedergeschlagen. „Und dann wird man mich festnehmen und ich komme ins Gefängnis.“

„Du bist kein Dieb und bei der Polizei waren wir auch noch nicht“, sagt Mira da und setzt sich zu ihrem Bruder aufs Bett. Erstaunt schaut Daniel von seiner Schwester zu Basti und schließlich zu Einstein.

„Noch nicht“, betont Einstein da. „Zuerst brauchen wir nämlich Beweise, dass dein Chef hinter der ganzen Sache steckt und dich beauftragt hat, die Fernseher und Computer zu verstecken.“

Daniel sitzt da und starrt die drei mit großen Augen an. „Ihr … wisst … Bescheid?“, stottert er. „Woher?“

„Ich wollte unbedingt herausfinden, warum du in letzter Zeit so mies drauf bist, da habe ich dir nachspioniert.“ Mira knetet verlegen ihre Fingerspitzen. „Vor ein paar Tagen habe ich dich und deinen Chef dann belauscht – im Hof hinter dem Elektrogeschäft.“

„Was?“

„Tut mir wirklich leid“, versichert Mira geknickt. „Ich wollte dich nicht …“

Da schlingt Daniel die Arme um seine Schwester und drückt sie ganz fest an sich. „Mensch, Kleine, du bist einfach die Größte!“ Jetzt strahlt Mira und Daniel lacht erleichtert. „Dann wisst ihr ja, dass ich unschuldig bin“, sagt er.
„Das nützt uns aber im Augenblick herzlich wenig“, gibt Einstein zu bedenken. „Wir befürchten nämlich, dass die Polizei deinem Chef mehr glauben wird als uns, falls sie die Sachen in der alten Molkerei finden. Wir brauchen unbedingt einen Beweis, der deinen Chef überführt.“
„Den gibt es aber nicht.“ Daniel seufzt und lässt den Kopf wieder hängen.
„Dann müssen wir deinem Boss eben eine Falle stellen“, schlägt Basti jetzt vor.
„Und wie?“
Mira, Einstein und Daniel schauen erwartungsvoll zu Basti. Der grinst. „Was wäre denn, wenn unser Knecht Ruprecht noch einen Brief schreibt?“
„Hä?“ Daniel zieht völlig verwirrt die Stirn kraus, aber Mira schaltet sofort.
„Und was soll da drinstehen?“, will sie wissen.
„Wie wäre es zum Beispiel mit: Sie haben Daniel gezwungen, Fernseher und Computer in der alten Molkerei zu verstecken. Dann haben sie diese bei der Polizei als gestohlen gemeldet, weil …“ Basti stockt. „Ja, warum eigentlich?“
„Weil der feine Herr doppelt abkassieren will“, erklärt Daniel jetzt. „Zum einen die Versicherungssumme und dann vertickt er alles im Ausland, wenn ein bisschen Gras über die Sache gewachsen ist.“
„So ein gemeiner Mistkerl“, schimpft Mira. „Und du sollst deinen Kopf hinhalten, wenn etwas schiefgeht.“

Daniel nickt. „Er weiß, dass ich auf keinen Fall meine Ausbildungsstelle bei ihm verlieren darf, zumal unser Vater sie mir indirekt besorgt hat. Er kennt den alten Schreiber und der ist auch voll in Ordnung und echt nett. Aber sein Sohn ist ein richtiger Verbrecher."

„Total mies ist das." Basti überlegt einen Augenblick.

„Dann haben sie die Fernseher und Computer bei der Polizei als gestohlen gemeldet, weil sie die Versicherung betrügen wollen", fährt er schließlich mit dem Brieftext fort. „Das kann ich nicht dulden und werde Sie anzeigen. – Na, was meint ihr?"

„Ja, klingt ganz okay. Aber wie soll das Daniel helfen?", fragt Einstein skeptisch.

„Abwarten", meint Basti und erläutert seinen Plan. „Morgen wird jemand die Nachricht in den Elektroladen schmuggeln, am besten so, dass Schreiber junior sie schnell findet. Der Kerl liest den Brief, bekommt Panik und lässt die Fernseher und Computer in Windeseile aus der alten Molkerei verschwinden."

„Aha." Einstein zieht zweifelnd die Stirn kraus. „Deine Idee hat nur leider einen großen Haken. Schreiber junior wird nämlich einfach Daniel zur alten Molkerei schicken und sich bestimmt nicht selbst die Finger schmutzig machen."

„Deshalb ist Daniel morgen ja auch krank und kann nicht zur Arbeit gehen." Basti grinst. „Dann muss sein Chef selbst zur Molkerei fahren! Wir beide werden uns dort auf die Lauer legen und die Polizei rufen, sobald er auftaucht."

„Genial!", ruft Einstein begeistert.

„Und wenn Schreiber junior euch erwischt?" Mira schaut ängstlich von Basti zu Einstein. „Wer weiß, wozu dieser Mistkerl fähig ist?"

„Keine Angst, ich werde die beiden begleiten und gut aufpassen", verspricht Daniel da. „Außerdem habe ich mein Handy immer dabei. Ich rufe sofort die Polizei an, wenn Schreiber junior da ist."

Rätsel

1. Daniel hockt wie ein Häufchen Elend auf …

   L: der Bettkante
   A: dem Schreibtischstuhl
   M: der Mauer

2. Mira hat Daniel und seinen Chef belauscht …

   O: in der Küche
   E: im Geschäft
   I: im Hof

3. Schreiber junior betrügt …

   B: seine Mutter
   C: die Versicherung
   T: seinen Chef

4. Daniel hat Angst …

   E: vor Schlangen
   A: vor dem Weihnachtsmann
   H: davor, gekündigt zu werden

5. Schließlich hat Basti …

   N: Hunger
   T: einen Plan
   G: keine Lust mehr

LÖSUNGSWORT:

Lösung siehe S. 151

17. Dezember

⁂ noch 7 Tage bis Weihnachten ⁂

Coole Oma

„Aber wenn wir drei uns bei der alten Molkerei auf die Lauer legen, wer schmuggelt dann den Brief zu Schreiber junior ins Elektrogeschäft?“, will Einstein wissen.
„Ich dachte an Mira“, meint Basti und schaut fragend zu ihr rüber.
„Nee, das ist viel zu gefährlich!“, widerspricht Daniel. „Wenn mein Chef Mira mit dem Zettel erwischt, ist sie geliefert. Schließlich weiß er dann doch sofort, dass sie seine Betrügereien durchschaut hat und ihn bei der Polizei verpfeifen könnte.“
„Also müssen wir jemand anderen finden, aber wen?“, fragt Basti. Sie überlegen hin und her. „Oma“, ruft Mira plötzlich. „Die hilft uns bestimmt!“
Daniel zögert einen Augenblick, doch dann nickt er. „Einverstanden. Oma ist cool, die schafft das. Und für den Fall, dass doch etwas schiefgehen sollte, wartet Mira draußen vor dem Laden. Dann kann sie ganz schnell Hilfe holen.“
„Klingt gut.“ Mira holt Zettel und Stift und schreibt:

SIE HABEN FERNSEHER UND COMPUTER IN DER ALTEN MOLKEREI VERSTECKT UND DIESE DANN BEI DER POLIZEI ALS GESTOHLEN GEMELDET, UM DIE VERSICHERUNG ZU BETRÜGEN. DAS WERDE ICH NICHT DULDEN UND SIE ANZEIGEN.

KNECHT RUPRECHT

„So, fertig!“
„Knecht Ruprecht?“ Daniel schaut fragend in die Runde. „Warum eigentlich ausgerechnet der?“

„Das ist eine lange Geschichte. Wir erzählen sie dir, wenn wir mit deinem Chef fertig sind und er überführt ist“, meint Basti nur und zwinkert Mira zu. „Jetzt müssen wir erst mal zu eurer Oma.“
Gemeinsam machen sie sich auf den Weg zu Frau Obermann.
„So ein Halunke!“, schimpft Frau Obermann, als Daniel seiner Oma alles über die Machenschaften seines Chefs erzählt hat. „Dem gehört dringend das Handwerk gelegt.“
„Ganz genau! Aber dafür brauchen wir deine Hilfe“, meint Mira da und erklärt den Plan. Frau Obermann hört gespannt zu.
„Gut! Ich schmuggle den Brief in den Laden“, sagt sie dann. „Unter einer Bedingung: Ihr bringt euch nicht in Gefahr, sondern ruft sofort die Polizei, wenn Schreiber junior bei der alten Molkerei auftaucht.“
„Versprochen“, rufen Basti, Einstein und Daniel wie aus einem Munde und Mira fällt ihrer Oma jubelnd um den Hals. „Du bist die Größte!“
„Aber Mama und Papa sagen wir vorerst noch nichts, ja?“, bittet Daniel.
Frau Obermann nickt.

Am nächsten Tag um kurz vor drei betritt Frau Obermann das Elektrogeschäft. Mira wartet wie besprochen draußen in einiger Entfernung zum Laden und schaut gespannt auf ihre Armbanduhr. „Zehn Minuten“, murmelt sie und vor Aufregung kribbelt es in ihrem Bauch, als würden darin tausend Ameisen Walzer tanzen. „Wenn Oma dann nicht wieder draußen ist, hole ich Hilfe.“
Im Geschäft steht Schreiber junior wieder hinter der Kasse und beobachtet Frau Obermann mürrisch aus zusammengekniffenen Augen. Miras Oma schaut sich flüchtig um, außer ihr gibt es keine weiteren Kunden in dem Laden.

„Kein Wunder, bei dem Blick möchte man am liebsten ganz schnell wieder rausrennen, aber bestimmt nichts kaufen", denkt sie und schüttelt missbilligend den Kopf. Dann entscheidet sie sich blitzschnell für ein Verlängerungskabel und geht damit zur Kasse. „15 Euro", knurrt Schreiber junior.

Da entdeckt Frau Obermann in einem Regal schräg hinter der Kasse mehrere kleine Kisten mit unterschiedlichen Glühbirnen und hat eine Idee.
„Da fällt mir ein, ich brauche auch noch eine von diesen neuen Energiesparlampen", sagt sie schnell und schenkt Schreiber junior ein Lächeln. Der brummt irgendetwas Unverständliches.
Als er sich umdreht, um in das Regal zu greifen, holt Frau Obermann blitzschnell den Knecht-Ruprecht-Brief aus ihrer Tasche und legt ihn neben die Kasse, erst einmal gut versteckt unter ihrem Verlängerungskabel. Geschafft! Schon dreht sich Schreiber junior mit der passenden Lampe in der Hand wieder zu ihr um.
„Noch was?", fragt er genervt.
„Nein, danke!", antwortet Frau Obermann betont freundlich, bezahlt Kabel und Glühbirne und verlässt den Laden.
Draußen hüpft Mira ungeduldig von einem Bein auf das andere und atmet erleichtert auf, als sie ihre Oma sieht.
„Hat es geklappt?"
Frau Obermann nickt. „Vielleicht hat Herr Schreiber den Brief sogar schon gefunden." Sie geht mit ihrer Enkelin ein Stück weit die Straße runter. „Echt?" Mira beißt sich nachdenklich auf die Unterlippe. „Hoffentlich ahnt er dann nicht, dass er von dir ist."
„Und wenn schon. Er kennt mich nicht, weiß also auch nicht, wo er mich finden kann."
„Stimmt!" Mira drückt ihre Oma einmal ganz fest. „Jetzt muss der Plan nur noch funktionieren."
„Wird schon!"

Rätsel

In diesem Suchsel sind fünf Wörter versteckt. Findest du sie?

Sie lauten: Molkerei, Oma, Knecht, Tasche, Polizei

								O	T								
							L	D	A	H							
						M	B	D	S	P	M						
					T	C	N	T	C	U	I	G					
				R	W	Z	C	A	H	S	L	F	H				
			J	K	U	L	I	G	E	T	M	I	W	T			
			L	B	A	D	C	H	M	S	W	I	U	Y			
		D	N	C	Q	M	J	P	P	O	L	I	Z	E	I		
	U	S	Z	D	P	W	G	P	O	X	R	F	D	M	L	M	
	K	X	G	K	N	E	C	H	T	S	W	O	I	O	U	E	
U	X	N	U	Y	S	L	O	R	L	O	T	Q	B	L	L	B	A
Y	T	C	O	M	A	B	C	C	U	E	J	Q	Q	K	E	F	W
S	L	S	L	O	B	C	J	B	X	N	E	R	L	E	A	S	M
	H	K	M	F	R	D	E	A	R	I	K	A	X	R	C	B	
		X	T	H	E	G	R	V	B	U	S	T	V	E	Y		
			W	J	A	Y	E	K	U	L	I	U	T	I			
						A	L	C	B	N	J						

Lösung siehe S. 151

18. Dezember

noch 6 Tage bis Weihnachten

In Schwierigkeiten

Basti, Einstein und Daniel stehen vor dem Zaun, der das Molkereigelände umgibt, und schauen sich suchend um.
„Hier draußen können wir uns nirgends wirklich gut verstecken", stellt Basti fest.
„Aber der umgekippte Milchtank eignet sich bestimmt perfekt als Versteck", schlägt Einstein vor.
„Gut, dann los." Daniel schiebt das lose Zaunteil etwas zur Seite. Wenig später hocken die drei hinter dem Tank und warten.
„Ob deine Oma den Brief wohl schon ins Elektrogeschäft gebracht hat?", fragt Einstein.
„Ich denke schon!", antwortet Daniel.
„Dann müsste Schreiber junior ja jeden Moment hier auftauchen", meint Basti.
„Hoffentlich!", sagt Einstein ungeduldig.
In diesem Augenblick hält der blaue Bus mit quietschenden Reifen vor dem Zaun.
„Es geht los", flüstert Basti aufgeregt.
Schreiber junior springt aus dem Bus und befördert hastig das lose Zaunteil auf die Seite. Dann steigt er wieder ein, brettert auf das Gelände und kommt direkt vor dem alten Molkereigebäude zum Stehen. Die Lücke im Zaun lässt er dabei einfach offen, so eilig hat er es.
„Ich rufe jetzt die Polizei." Daniel beginnt zu wählen. „Verdammt! Ich hab kein Netz", flucht er plötzlich.
„Was?"
Entsetzt schauen Basti und Einstein zu Daniel. Der versucht es noch einmal. Vergebens!

„Und jetzt? Schreiber junior lädt schon die ersten Fernseher in seinen Bus", flüstert Einstein verzweifelt. „Wenn wir nicht bald etwas unternehmen, war alles umsonst."
Da holt Basti die kleine Digitalkamera aus seiner Jackentasche. „Schießen wir erst mal ein paar Beweisfotos", schlägt er vor.
„Coole Idee!" sagt Einstein.
„Aber von hieraus bekomme ich sein Gesicht nicht drauf. Ich müsste …"
Schreiber junior verschwindet wieder in der Molkerei und Basti läuft los – ohne auch nur eine Sekunde darüber nachzudenken. Zehn, elf schnelle Schritte, dann geht er hinter dem Schutthaufen gegenüber vom Eingang des Flachbaus in Deckung. Keine Sekunde zu früh, denn schon kommt Schreiber junior schwer beladen wieder zum Bus zurück.
Einstein hält den Atem an und auch Daniel schüttelt fassungslos den Kopf. „Was macht er denn? Ist er verrückt geworden?"
Basti nimmt die Kamera und macht das erste Foto. „Gut so! Immer schön in die Kamera gucken", denkt er begeistert. „Jetzt haben wir dich, du Mistkerl!"
Als der Elektrohändler den nächsten Computer holen will, sprintet Basti zurück zu Einstein und Daniel.
„Mensch, Alter, du bist echt eine Granate." Einstein klopft seinem Freund erleichtert auf die Schulter. Basti strahlt, aber sein Herz rast. Erst jetzt wird ihm so richtig bewusst, was er da gerade gemacht hat.
„Das hätte echt schiefgehen können." Daniel atmet einmal tief durch.
Da huscht plötzlich etwas kleines Graues zwischen Einsteins Füßen hindurch. „Eine Ratte!", quietscht er erschrocken und hält sich noch im selben Augenblick den Mund zu.

Doch es ist zu spät. Schreiber junior hat den Schrei gehört und schaut argwöhnisch in ihre Richtung.

„Los, lauft", befiehlt Daniel ihnen barsch.

„Und was ist mit dir?", will Basti wissen.

„Ihr sollt abhauen", schreit Daniel jetzt.

Basti und Einstein rennen, als wäre der Teufel höchstpersönlich hinter ihnen her.

Aus den Augenwinkeln kann Basti noch erkennen, dass Daniel sich Schreiber junior in den Weg stellt, um ihn aufzuhalten. „Wir müssen zur Polizei", keucht er.

Einstein prustet. „Und zwar schnell!"

Rätsel

Das perfekte Versteck für Basti, Einstein und Daniel ist ein umgekippter …

Basti macht … von Schreiber junior.

Daniel stellt erschrocken fest, dass er kein … hat.

Einstein quietscht erschrocken auf wegen einer …

Daniel verlangt von Basti und Einstein, sie sollen …

LÖSUNGSWORT:

Lösung siehe S. 152

19. Dezember

⁂ noch 5 Tage bis Weihnachten ⁂

Was nun?

Basti und Einstein rennen durch die Lücke im Zaun auf die Straße.
„Wohin jetzt?“, fragt Basti unschlüssig.
„Keine Ahnung“, meint Einstein und schnauft nach Luft. „Ich kenne nur die Polizeiwache in der Krämergasse. Aber das sind bestimmt zwanzig Minuten Fußweg von hier.“
„Verdammter Mist!“, flucht Basti. „Das dauert doch viel zu lange.“
Einstein nickt. „Bis wir dort sind, hat Schreiber junior wer weiß was mit Daniel angestellt“, sagt er ängstlich.
Da sehen sie, wie Mira und Frau Obermann gerade in die Straße an der alten Molkerei einbiegen. Basti und Einstein rennen auf die beiden zu.
„Was ist passiert?“, fragt Mira sofort und schaut sich besorgt um. „Wo ist Daniel?“
„Schreiber junior … hat … ihn“, keucht Basti.
„Was?“, ruft Mira außer sich.
„Um Himmels willen“, stößt Frau Obermann entsetzt hervor. „Wir müssen sofort die Polizei benachrichtigen.“
„Aber wie?“, fragt Einstein.
„Ein Handy besitze ich leider nicht“, sagt Frau Obermann niedergeschlagen.
„Hier gibt es sowieso keinen Empfang“, schnauft Einstein.
„Ich hab es!“, ruft Mira da und deutet auf eine kleine Metzgerei auf der anderen Straßenseite. „Die haben doch bestimmt ein …“
„Festnetztelefon.“ Frau Obermann drückt ihrer Enkelin zärtlich einen Kuss aufs Haar. „Gute Idee, Liebling! Los, kommt.“
Zum Glück ist zurzeit nur noch ein weiterer Kunde in der Metz-

gerei. Er wird bereits bedient, als Frau Obermann, Mira, Basti und Einstein hastig eintreten.
„Entschuldigen Sie bitte! Dürfen wir kurz Ihr Telefon benutzen?", fragt Frau Obermann ohne zu zögern und ihre Stimme klingt sehr ernst. „Es ist wirklich wichtig."
Für einen Augenblick schaut die Verkäuferin verwirrt in die Runde, doch dann bittet sie Frau Obermann zu sich hinter den Verkaufstresen. „Da vorne in der Ecke, Sie müssen eine Null vorwählen."
„Vielen Dank", murmelt Frau Obermann und nimmt den Hörer ab. Basti, Einstein und Mira stehen vor dem Tresen und lauschen gespannt.
„Hallo! Hier spricht Frau Obermann. Mein Enkel befindet sich in großer Gefahr. Er wird von seinem Chef, einem Herrn Schreiber, bedroht. … Auf dem alten Molkereigelände … Bitte kommen Sie schnell!" Die alte Dame legt auf und atmet einmal tief durch.
„Die Beamten kommen sofort", sagt sie und bedankt sich noch einmal herzlich bei der Verkäuferin.
„Keine Ursache und alles Gute!", wünscht diese, während Frau Obermann, Basti, Einstein und Mira die Metzgerei schon wieder verlassen.
„Sollen wir hier vor der Metzgerei auf die Polizei warten?", fragt Einstein unsicher.
Mira schüttelt energisch den Kopf. „Ich kann doch nicht einfach nur so rumstehen, während dieser Mistkerl meinen Bruder hat." Sie will loslaufen, doch Frau Obermann hält sie zurück.
„Das ist viel zu gefährlich, mein Schatz. Bitte, sei vernünftig."
Mira lässt den Kopf hängen. „Hoffentlich kommt die Polizei bald", wimmert sie und ihre Augen schimmern feucht.
„Ich mache mir auch schreckliche Sorgen, mein Schatz", sagt Frau

Obermann mit rauer Stimme und nimmt Mira ganz fest in die Arme.
Da kommt ein Streifenwagen. Er hält direkt neben ihnen und zwei Polizisten steigen aus.
„Sind Sie Frau Obermann?“, fragt einer der beiden.

Frau Obermann nickt. „Mein Enkel und dieser Herr Schreiber sind dort hinein." Sie zeigt auf die Lücke im Zaun.
„Gut, Sie bleiben genau hier und warten!", fordert der Polizist mit Nachdruck und geht mit seinem Kollegen auf das Molkereigelände.
„Jetzt wird alles gut", denkt Basti und atmet erleichtert auf. „Gleich werden die Polizisten Schreiber junior verhaften und Daniel ist entlastet." Doch nichts passiert.
„Warum dauert das denn da drinnen so lange?", jammert Mira nach ein paar Minuten und kaut nervös auf ihrer Unterlippe.
„Geduld, Liebes", mahnt Frau Obermann sanft. Aber auf ihrer Stirn bilden sich tiefe Sorgenfalten.
„Ich glaube, da stimmt was nicht!", flüstert Einstein Basti ins Ohr. Basti läuft ein kalter Schauer über den Rücken. „Wir hätten Daniel nicht mit Schreiber alleine lassen dürfen."
„Ich halt das nicht mehr aus." Einstein rennt plötzlich zur Zaunlücke. „Das gibt es doch gar nicht!", ruft er fassungslos und ist auf einmal kalkweiß im Gesicht. „Der Bus, er ist weg!"

Rätsel

1. Einstein kennt eine Polizeiwache in der ...

   P: Holzgasse
   K: Krämergasse
   L: Friedrichstraße

2. Leider besitzt Frau Obermann ...

   E: kein Handy
   A: keine Handtasche
   O: zwei linke Hände

3. Mira entdeckt auf der anderen Straßenseite ...

   T: eine Katze
   N: einen Kiosk
   K: eine Metzgerei

4. Im Streifenwagen sitzen ...

   S: zwei Polizisten
   I: drei Beamte
   M: ein Polizist und Daniel

LÖSUNGSWORT:

Lösung siehe S. 152

20. Dezember

noch 4 Tage bis Weihnachten

Wo steckt Daniel?

Wenig später kommen die beiden Polizisten wieder aus dem Molkereigebäude. „Wir konnten einige Fernseher und Computer sicherstellen", sagt einer der Beamten. „Aber von dem blauen Bus fehlt jede Spur."
„Schreiber junior muss mit ihm weggefahren sein, als wir in der Metzgerei waren, um zu telefonieren", vermutet Basti.
„Und wo ist Daniel?", fragt Frau Obermann und ihre Stimme zittert.
„Tut mir leid, aber in der Molkerei ist niemand mehr", antwortet der Polizist. „Wir haben in allen Räumen nachgesehen."
Frau Obermann wird schlagartig kreideweiß und Mira schießen Tränen in die Augen.
„Aber gleich kommen noch unsere Kollegen von der Spurensicherung", versucht der zweite Beamte die beiden etwas zu beruhigen. „Sie werden noch einmal alles gründlich auf den Kopf stellen. Denen entgeht nichts. Wir finden Ihren Daniel!"
„Mensch, die Fotos!", platzt es aus Basti heraus. In der ganzen Aufregung hatte er seine Digitalkamera völlig vergessen. „Ich habe doch Bilder von Schreiber junior gemacht, wie er gerade einen Computer in seinen Bus lädt. Vielleicht kann man auf einem ja das Kennzeichen des Wagens erkennen."
„Gut! Dann zeig mal her. Mmh, auf dem Display deiner Kamera kann ich das Kennzeichen nicht erkennen. Am besten, wir fahren jetzt alle gemeinsam auf die Wache und schauen uns deine Aufnahmen am Bildschirm einmal genauer an", schlägt einer der Beamten vor.
Kurz darauf sitzen sie alle im Polizeiauto. Von unterwegs rufen die Beamten die Eltern von Basti, Einstein und Mira an und bitten

diese, ebenfalls aufs Präsidium zu kommen. Als sie dort eintreffen, warten die Eltern schon ungeduldig im Büro von Kommissar Haber.
„Was ist los?“ Miras Mutter schaut verwirrt in die Runde.
„Wir … der Schreiber … Daniel“, stammelt Mira und bekommt einfach keinen vollständigen Satz heraus.
„Daniel war auch bei euch? Wo ist er?“, will Miras Vater jetzt wissen. „Hat der Junge schon wieder etwas angestellt?“ Auf seiner Stirn bilden sich tiefe Sorgenfalten.
„Daniel ist entführt worden“, antwortet Frau Obermann da, noch bevor Kommissar Haber etwas sagen kann. Erschrocken schnappt Miras Mutter nach Luft, ihre Beine beginnen zu zittern und sie muss sich erst mal setzen. Auch Miras Vater kann es nicht fassen. „Von wem?“, bringt er mühsam hervor.
„Wahrscheinlich von seinem Arbeitgeber, einem gewissen Herrn Schreiber“, erklärt Kommissar Haber nun. „Wir fahnden bereits nach ihm und nach einem blauen Kleinbus. Gibst du mir bitte mal deine Kamera?“, wendet er sich dann an Basti.
„Gern.“ Schnell holt Basti den Fotoapparat aus seiner Anoraktasche und reicht ihn dem Kommissar. Haber verbindet ihn mit dem Computer.
„Da ist der Bus“, ruft Einstein aufgeregt. „Und Schreiber.“
„Wartet, ich vergrößere den Bildausschnitt mit dem Kennzeichen.“ Der Kommissar drückt zwei Knöpfe. „Da ist es schon.“ Er greift zum Telefonhörer. „An alle Streifenwagen, wir suchen einen blauen Bus mit dem Kennzeichen NK-OH 327“, und an Miras Eltern gerichtet: „Keine Sorge, wir finden Ihren Sohn.“ Die folgenden zwanzig Minuten sind wohl die längsten in Bastis Leben. Immer wieder starrt er wie gebannt auf das Telefon direkt vor Kommissar Haber. Endlich klingelt es und Haber geht ran.

„Gut! Beginnen Sie damit, die Gegend abzusuchen. Ich schicke Unterstützung." Der Kommissar legt auf. „Wir haben den Bus." Er steht am Stadtrand. Dort gibt es viele kleine Gärten mit Hütten und Lauben, die fast alle ein gutes Versteck für einen Entführer und sein Opfer abgeben würden."

„Und diesem Herrn Schreiber gehört eine davon", vermutet Einstein.

„Genau, das denke ich auch." Der Kommissar nickt.

„Schreiber junior nicht", schaltet sich Miras Vater da ein. „Aber mein Freund, der alte Herr Schreiber, der hat einen Kleingarten. Wir waren sogar schon einmal mit ihm dort und haben gegrillt."
„Du hast recht", stimmt auch Miras Mutter zu.
„Können Sie mir beschreiben, wo genau das war?", erkundigt sich Kommissar Haber.
„Leider nicht, wir waren ja nur ein einziges Mal dort und das ist auch schon fast zwei Jahre her", antwortet Miras Vater.
„Macht nichts, dann fragen wir eben den alten Herrn Schreiber selbst. Haben Sie vielleicht seine Telefonnummer?"
Miras Vater nickt.

Rätsel

In den folgenden Sätzen haben sich einige zusätzliche Buchstaben eingeschlichen. Finde sie und du erhältst das Lösungswort.

„Mensch, diek Fotos“, platzto es da aus Basti heraus. Inm der ganzen Aufregung hattem er seine Digitalkamerai völlig vergessen. „Ich habes doch Bilder von Schreiber juniors gemacht, wie er gerade einena Computer in seinen Bus lädt“, berichtet er nun. „Vielleichtr kann man auf einem ja das Kennzeichen des Wagens erkennen.“

LÖSUNGSWORT:

Lösung siehe S. 152

21. Dezember

△△△ noch 3 Tage bis Weihnachten △△△

Wieder da!

Nun geht alles plötzlich ganz schnell! Nachdem Kommissar Haber kurz mit dem alten Herrn Schreiber telefoniert hat, gibt er seinen Kollegen vor Ort genaue Anweisungen und keine fünf Minuten später kommt die erlösende Nachricht.

„Sie haben Schreiber junior festgenommen und Daniel befreit!“, verkündet der Kommissar. „Ihm geht es gut!“

Basti, Einstein und Mira fallen jubelnd in die Arme ihrer Eltern und Miras Mutter weint vor Glück.

„Wo seid ihr da nur hineingeraten?“, fragt Bastis Vater in die Runde und wuschelt seinem Sohn durchs Haar.

„Also, das war so …“ Einstein zwinkert Mira und Basti verschwörerisch zu. „Vor ein paar Tagen haben wir rein zufällig gesehen, wie Daniel jede Menge Fernseher und Computer in der alten Molkerei versteckt. Das hat uns stutzig gemacht und da …“

„Super, Einstein“, denkt Basti und atmet erleichtert auf. Die Sache mit dem Mathetest und den Briefen von Knecht Ruprecht müssen seine Eltern ja nicht unbedingt wissen.

„Damit habt ihr drei uns auf jeden Fall sehr geholfen“, bedankt sich Kommissar Haber, nachdem Einstein die Geschichte zu Ende erzählt hat. „Ich bin mir nämlich nicht sicher, ob wir Herrn Schreiber ohne euch so schnell auf die Schliche gekommen wären. “

Basti, Einstein und Mira strahlen um die Wette.

„Aber das nächste Mal, wenn ihr so eine Entdeckung gemacht habt, kommt ihr besser gleich zu mir“, mahnt der Kommissar und schaut plötzlich ganz ernst.

„Versprochen!“, ruft Basti sofort und auch Einstein und Mira nicken heftig.

Der Kommissar lacht. „Ihnen möchte ich auch recht herzlich danken, Frau Obermann. Es war gut, dass Sie die Polizei gerufen und nicht versucht haben, Herrn Schreiber selbst zu stellen. Man weiß nie, was da alles passieren kann."

Frau Obermann schüttelt Kommissar Haber die Hand und den Kindern flüstert sie zu: „Ich habe schon lange nicht mehr etwas so Aufregendes erlebt. Da fühlt man sich glatt um zwanzig Jahre jünger."

Die drei grinsen.

„Was aber nicht heißt, dass ich das jetzt jeden Tag haben muss", ergänzt Frau Obermann noch augenzwinkernd.

Da geht die Bürotür auf, ein Polizist kommt herein und mit ihm …

„Daniel!", rufen alle wie aus einem Munde. Mira, ihre Eltern und Frau Obermann stürzen sich gleichzeitig auf den jungen Mann und drücken ihn ganz fest.

„Geht es dir gut?" Daniels Mutter mustert ihren Sohn besorgt von oben bis unten.

„Ja, jetzt ist alles wieder okay", antwortet Daniel und lächelt zaghaft. Doch seine Stimme klingt rau und belegt. „Nur vorhin in der Gartenlaube, da hatte ich echt Schiss. Der Schreiber war völlig außer sich, richtig durchgeknallt. Er hat getobt und wollte unbedingt wissen, wer ihr seid und was wir auf dem alten Molkereigelände gemacht haben." Dabei schaut er zu Basti und Einstein rüber.

„Aber ich habe dichtgehalten!"

„Warum hast du uns denn nicht schon viel früher von den Betrügereien deines Chefs erzählt?", will sein Vater nun wissen. „Mama und ich, wir hätten dir doch geholfen!"

„Nach dem ganzen Mist, den ich angestellt habe, dachte ich, ihr glaubt mir sowieso nicht", gesteht Daniel kleinlaut.

Für einen kurzen Moment herrscht betretenes Schweigen.

„Du bist doch unser Sohn“, sagt sein Vater dann ruhig, aber mit Nachdruck. „Wir sind immer für dich da.“

Seine Mutter nickt stumm und zieht Daniel wieder in ihre Arme.

Kommissar Haber lächelt zufrieden „Dann darf ich mich wohl jetzt von Ihnen verabschieden.“ Er drückt Basti, Einstein und Mira zum Schluss noch einmal kräftig die Hand. „Schließlich muss ich mich jetzt um einen Betrüger kümmern.“

Am Abend liegt Basti noch lange wach in seinem Bett und grübelt. Dieser eine Satz des Kommissars geht ihm einfach nicht mehr aus dem Kopf. „Betrug zahlt sich niemals aus“, hatte er gesagt. Basti denkt an den Mathetest und daran, dass sein bester Freund und er auch betrogen haben. „Ich muss morgen früh unbedingt mit Einstein darüber sprechen“, nimmt er sich schließlich vor und kann endlich einschlafen.

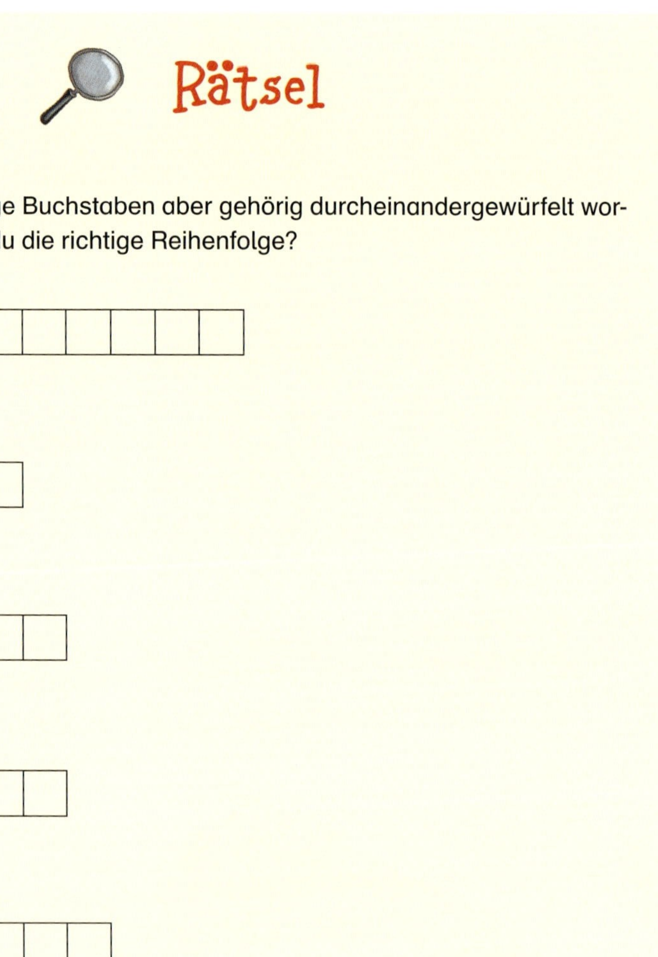

Rätsel

Hier sind einige Buchstaben aber gehörig durcheinandergewürfelt worden. Findest du die richtige Reihenfolge?

SIMMSARKO

NUDR

GANTS

VESRÖN

HAZELN

LÖSUNGSWORT:

Lösung siehe S. 152

22. Dezember

noch 2 Tage bis Weihnachten

Eine zweite Chance

Als Basti am nächsten Morgen auf dem Schulhof ankommt, wird er schon sehnsüchtig erwartet. Neben Einstein steht Mira und sie hat tolle Neuigkeiten.

„Gestern Abend war der alte Herr Schreiber bei uns und hat sich für das Verhalten seines Sohnes entschuldigt", berichtet sie. „Er wird das Elektrogeschäft nun wieder selber führen und Daniel kann bei ihm weiterarbeiten. Ist das nicht super?"

„Cool!"

„Klasse!"

Basti und Einstein freuen sich riesig für ihn.

„Schreiber junior bekommt eine Anzeige", fährt Mira fort. „Vielleicht muss er sogar ins Gefängnis."

„Geschieht dem Mistkerl ganz recht", sagt Einstein. „Schließlich wollte er betrügen und hat dann auch noch Daniel als Geisel genommen."

„Genau!", stimmt Mira zu.

Nur Basti druckst rum. „Nicht böse sein, aber ich muss noch ganz dringend etwas mit Einstein alleine besprechen", meint er schließlich und wirft ihr einen entschuldigenden Blick zu.

„Kein Problem. Dann bis gleich." Mira verschwindet in Richtung Klassenraum.

„Was gibt es denn so Geheimnisvolles?", fragt Einstein neugierig, als Mira außer Hörweite ist. „Willst du mir etwa verraten, was du mir zu Weihnachten schenkst?"

Basti verdreht die Augen und überlegt kurz, wie er anfangen soll. „Ich muss die ganze Zeit an unseren Mathetest denken. Da haben wir auch betrogen."

„Aber das kann man doch gar nicht vergleichen!“
„Stimmt, ins Gefängnis kommen wir dafür sicher nicht. Trotzdem war es Betrug. Ich finde, wir sollten zu Frau Gosch gehen und ihr alles erzählen.“
„Was? Warum das denn? Es geht doch nur um eine Zensur in Mathe und du hast doch selbst gesagt, die Arbeit wird eh nicht besser als eine Drei.“
„Geschummelt ist geschummelt!“
„Ja, schon.“ Einstein beißt sich auf die Unterlippe. „Aber können wir nicht einfach so tun, als wäre es gar nicht passiert? Wir machen es ja auch nie wieder.“
„Nee, ganz bestimmt nicht!“ Basti schüttelt den Kopf und überlegt. „Ich kann auch alleine zu Frau Gosch gehen. Immerhin habe ich bei dir abgeschrieben. Dass du mir dein Heft rübergeschoben hast, brauche ich ihr ja nicht zu sagen.“
„Aber das Ganze war doch meine Idee“, widerspricht Einstein und seufzt. „Also gut, gehen wir halt beide zu Frau Gosch, wenn du dich dann besser fühlst.“
Basti nickt. „Sie wird uns schon nicht gleich den Kopf abreißen.“
Da schellt es und die beiden sausen ins Klassenzimmer. Als am Ende der zweiten Stunde alle anderen hinaus auf den Schulhof stürmen, bleiben die beiden noch auf ihren Plätzen sitzen. Basti knetet nervös seine Fingerspitzen, während Einstein unruhig auf seinem Stuhl hin und her rutscht.
Verwundert mustert Frau Gosch die beiden. „Was ist denn mit euch los? Keine Lust auf Pause?“
Da gibt sich Basti einen Ruck, holt einmal tief Luft und fängt an. „Wir müssen Ihnen etwas sagen.“
„Keine schöne Sache“, meint Frau Gosch, nachdem Basti und Einstein ihr alles gebeichtet haben, und ihre Stimme klingt ernst.

Die beiden blicken zu Boden.
„Aber da ihr zwei von selbst zu mir gekommen seid, um mir alles zu erzählen, will ich mal nicht so sein." Sie lächelt versöhnlich. „Was haltet ihr davon, wenn wir den alten Test vergessen und ihr nach den Weihnachtsferien einfach einen neuen schreibt?"
„Klasse Idee!" Einstein ist erleichtert und auch Basti atmet auf.
„Frau Gosch ist wirklich nett", denkt er und freut sich riesig – vor allem für Einstein. Basti hätte nämlich schon ein ziemlich schlechtes Gewissen gehabt, wenn sein allerbester Freund die erste Sechs seines Lebens kassiert hätte, nur weil er ihm helfen wollte.
„Jetzt aber raus mit euch", sagt Frau Gosch da und zwinkert den beiden zu. Basti und Einstein lachen und laufen hinaus auf den Pausenhof.

Rätsel

Richtig oder falsch?

Daniel kann seine Lehre beim alten Herrn Schreiber fortsetzen.

richtig falsch

Basti will seiner Mathelehrerin, Frau Gosch, erzählen, dass er beim Test geschummelt hat.

richtig falsch

Einstein ist begeistert von Bastis Idee.

richtig falsch

Frau Gosch ist sauer auf Einstein und Basti.

richtig falsch

Basti und Einstein dürfen den Mathetest nach den Weihnachtsferien noch einmal schreiben.

richtig falsch

Lösung siehe S. 152

23. Dezember

noch 1 Tag bis Weihnachten

Eine Belohnung für Basti und Einstein

Heute kann Basti nach der Schule gar nicht schnell genug nach Hause kommen. Seine Mutter hat extra Semmelknödel mit brauner Soße für ihn gemacht, sein absolutes Lieblingsgericht, und ein kleines Geschenk gibt es auch noch. Seine Eltern sind nämlich mächtig stolz darauf, dass er und Einstein Daniel geholfen haben und Schreiber junior nun seine gerechte Strafe bekommt.

Basti läuft schon das Wasser im Mund zusammen, während er die Treppe zur Wohnung hinaufstürmt. Doch zu seiner großen Überraschung wartet in der Küche nicht nur eine dampfende Schüssel voller Knödel auf ihn, sondern auch Kommissar Haber und eine Frau, die Basti noch nie zuvor gesehen hat. „Das ist Frau Bergmann“, stellt Kommissar Haber sie vor, nachdem er Basti per Handschlag begrüßt hat. „Sie kommt von der Versicherung.“

„Hallo, Basti“, sagt Frau Bergmann und lächelt freundlich. „Der Kommissar hat mir schon alles über euren heldenhaften Einsatz erzählt. Das habt ihr wirklich gut gemacht, du und dein Freund.“

Plötzlich hat Bastis Gesicht die Farbe einer reifen Tomate. „Danke“, stammelt er verlegen und knetet seine Fingerspitzen.

„Ohne euch hätten wir Herrn Schreiber eine ganz hübsche Summe Geld zahlen müssen“, fährt Frau Bergmann fort. „Die Geräte waren schließlich gut versichert und wir hätten einen erheblichen Schaden gehabt. Deshalb hat sich mein Chef dazu entschlossen, dir und …“ Frau Bergmann bricht ab und schaut fragend zu Basti.

„Ein … äh … Jens. Einstein ist nur sein Spitzname.“

„Das habe ich mir schon fast gedacht“, meint Frau Bergmann lachend und holt einen Umschlag aus ihrer Handtasche. „Jedenfalls habe ich hier etwas für dich.“

„Das sind ja 100 Euro. Vielen Dank!"
„Gern geschehen, und Jens bekommt selbstverständlich die gleiche Belohnung. Ihr müsst also nicht teilen."
„Wie cool ist das denn?" Basti strahlt über das ganze Gesicht.
„Aber nicht, dass ihr mir jetzt immer Detektiv spielt", mahnt Kommissar Haber noch einmal eindringlich. „Das ist gefährlich! Stell dir nur mal vor, Herr Schreiber hätte anstelle von Daniel dich zu packen bekommen und mitgenommen."
Basti schluckt und nickt. „Schon klar."
Dann verabschieden sich der Kommissar und Frau Bergmann und es gibt endlich Knödel mit brauner Soße. Während Basti sich seinen Teller vollschaufelt, überlegt er, was er mit den 100 Euro alles anstellen kann.
„Ich könnte mir das ferngesteuerte Auto kaufen oder ein neues Spiel für den Computer oder … Nee, besser doch nicht. Ich glaube, ich warte lieber erst mal ab, was Weihnachten unterm Baum liegt."
Da klingelt das Telefon. Es ist Einstein.
„100 Euro Belohnung, krass!", jubelt er am anderen Ende des Hörers. „Und es gibt noch mehr Neuigkeiten."
„Was denn?", fragt Basti neugierig.
„Wir sind heute Nachmittag von Herrn Schreiber zum Adventskaffee eingeladen, quasi als Wiedergutmachung."
„Was?" Basti läuft ein kalter Schauer über den Rücken. Allein bei der Vorstellung, gemeinsam mit diesem Mistkerl auf einem Sofa zu sitzen und gemütlich Kekse zu knabbern, wird ihm ganz anders. Einstein prustet los. „Die Einladung kommt natürlich vom alten Herrn Schreiber. Was hast du denn gedacht?"
„Ha, ha, sehr witzig", brummt Basti und schnauft erleichtert durch. „Wann soll es denn losgehen?"

„Heute um drei“, antwortet Einstein. „Mira und Daniel sind auch da.“

„Alles klar, bis dann.“

Als Basti am Nachmittag in der Wohnung vom alten Herrn Schreiber ankommt, sind Mira, Einstein und Daniel bereits da und lassen sich Torte und Kakao schmecken. Schnell setzt sich Basti auf den noch freien Platz am Tisch und nimmt sich ebenfalls ein Stück. „Danke für die Einladung“, murmelt er mit vollem Mund.

„Gern geschehen“, sagt der alte Herr Schreiber und lächelt kurz. „Ich kann immer noch nicht fassen, was mein Sohn da gemacht hat“, meint er dann kopfschüttelnd und schaut traurig in die Runde. „Ihr müsst wissen, unser Geschäft läuft nicht mehr so gut, seitdem wir von den zwei großen Kaufhäusern links und rechts neben uns buchstäblich in die Zange genommen worden sind. Die beiden unterbieten sich immer wieder mit den neuesten Tiefstpreisen, vor allem jetzt in der Weihnachtszeit. Wir können da einfach nicht mithalten.“ Der alte Herr Schreiber macht eine Pause und seufzt. „Allerdings hatte ich auch keine Ahnung, wie schlecht es um uns steht. Ich habe mich völlig zurückgezogen und die Leitung des Ladens ganz allein meinem Sohn überlassen. Tja, und jetzt stehen wir kurz vor der Pleite.“

„Das ist schlimm.“ Basti tut der freundliche alte Herr wirklich leid.

„Und wenn das Geschäft geschlossen werden muss, kann Daniel nicht mehr bei Ihnen arbeiten“, stellt Mira traurig fest und lässt den Kopf hängen.

„Dein Bruder macht seine Lehre zu Ende, komme, was wolle!“, versichert der alte Herr Schreiber energisch. „Noch gibt es das Elektrofachgeschäft und wenn wirklich alle Stricke reißen, habe ich immer noch ein paar gute Freunde und Kollegen. Einer von ihnen wird Daniel bestimmt übernehmen.“

Jetzt lächelt Mira glücklich und auch Daniel ist sichtlich erleichtert.

Rätsel

In diesem Suchsel sind fünf Wörter versteckt. Findest du sie?

Sie lauten: Belohnung, Wünsche, Advent, Kuchen, Kakao

		F	Y	U						E	Q	Q		
	K	P	V	F	M				U	V	D	I	N	
	J	T	L	U	G	Z		Y	W	X	D	F	Q	
U	Y	K	C	E	P	A	I	V	Q	W	E	E	E	Y
B	J	U	O	K	N	Y	O	K	H	S	B	F	W	T
L	C	C	S	A	W	J	F	V	M	A	O	W	H	I
O	Z	H	L	K	B	E	L	O	H	N	U	N	G	T
	O	E	X	A	A	D	V	E	N	T	N	N	J	
	M	N	P	O	P	S	W	G	Q	Y	V	K	C	
		Z	E	W	C	J	Ü	A	Q	S	F	S		
				J	Y	U	N	F	F	N				
					V	X	S	H	L					
						K	C	X						
							H							
							E							

Lösung siehe S. 152

24. Dezember

heute ist Heiligabend

Frohe Weihnachten

Heute ist Heiligabend! Als Basti an diesem Morgen aufwacht, muss er sofort an die Rute denken, die auf seinem Schreibtisch liegt. Einstein und er haben sie gestern Nachmittag noch schnell aus ein paar Weidenzweigen und Paketband gebastelt. Dann haben sie ein paar bunte Schokokringel und einen kleinen Weihnachtsmann an die Zweige gehängt.
„Mira wird Augen machen, wenn sie ihr Geschenk sieht", denkt Basti und schwingt sich grinsend aus dem Bett. „Schließlich ist es bestimmt das allererste Mal, dass Knecht Ruprecht selbst eine Rute bekommt."
An Heiligabend feiert Basti immer mit seinen Eltern ganz gemütlich zu Hause. Nachmittags gibt es Plätzchen und Kakao und am Abend Kartoffelsalat mit Würstchen. Dann ist Bescherung! Basti kann es kaum noch erwarten.
Bereits gestern haben sein Vater und er die große Tanne vom Balkon ins Wohnzimmer geschleppt und sie aufgestellt. Dann haben sie gemeinsam den Baum geschmückt und dabei alle Weihnachtslieder gesungen, die sie kennen. Das heißt, Basti und seine Mutter haben gesungen. Das Gebrumme seines Vaters klang doch mehr nach einem Bären im Stimmbruch.
„Ich liebe Weihnachten", denkt Basti und schlurft Richtung Badezimmer. Dabei fällt er im Flur fasst über den kleinen Koffer, der links neben seiner Tür steht.
Morgen geht es schon ganz früh zu Onkel Hannes und Tante Greta aufs Land. Dort trifft sich in diesem Jahr fast die ganze Familie bei Gänsebraten, Rotkohl und Schokopudding bis zum Umfallen – und es gibt wieder Geschenke.

Außerdem darf Basti noch ein paar Tage dortbleiben und gemeinsam mit seinem Cousin Lukas und seiner Cousine Nika Silvester feiern. Basti schnappt sich den Koffer und packt schnell Pullis, Hosen, Socken und was man sonst noch so braucht ein.
Da klingelt es an der Tür. Es ist Einstein.
„Mensch, Basti, warum bist du denn noch im Schlafanzug", beschwert er sich. „Wir wollen doch Mira überraschen."
„Es ist doch noch vor zehn", mault Basti und verdreht die Augen.
„Aber ich muss unbedingt um zwölf pünktlich zum Mittagessen wieder zu Hause sein. Meine Oma kommt und es gibt Wackelpudding in drei Schichten, rot, gelb und grün", sagt Einstein und leckt sich genüsslich über die Lippen. „Und warme Vanillesoße."
„Sonst nichts?"
„Schon, aber das andere ist nicht so wichtig", meint Einstein lässig und grinst.
„Verstehe! Aber vorher habe ich noch etwas für dich." Schnell krabbelt Basti unter sein Bett und holt ein kleines blaues Päckchen hervor. „Aber erst heute Abend aufmachen."
„Großes Indianerehrenwort!", verspricht Einstein und hält feierlich zwei Finger in die Luft. „Meins darfst du von mir aus auch jetzt gleich öffnen." Breit grinsend überreicht er Basti ein aufgerolltes Stück Papier mit einer roten Schleife darum. „Bitte sehr!"
Es ist ein Gutschein für Nachhilfestunden in Mathe.
„Da hast du dir ja mächtig was einfallen lassen." Basti verdreht die Augen.
„Wieso? Du kannst sie doch gut gebrauchen."
„Stimmt auch wieder", sagt Basti und lacht.

Kurze Zeit später stehen die beiden vor Miras Wohnung und klingeln. Vorsichtshalber lässt Basti die Rute erst einmal hinter seinem

Rücken verschwinden, nur für den Fall, dass nicht Mira, sondern jemand anderes die Tür öffnet. Doch sie haben Glück.
„Hallo, Jungs, was macht ihr denn hier?", begrüßt Mira sie freundlich.

„Ach, wir wollen dir nur eine Kleinigkeit schenken", meint Einstein da und kann sich das Lachen kaum noch verkneifen.
„Ihr – mir?" Mira schaut verblüfft von einem zum anderen.
Basti und Einstein nicken heftig. Dann holt Basti die Rute hinter seinem Rücken hervor.
„Für Knecht Ruprecht!"
Zuerst steht Mira mit offenem Mund da und weiß nicht recht, was sie sagen soll. Dann prustet sie los. „Okay, das habe ich wohl verdient. Aber eigentlich könntet ihr zwei eurem Knecht Ruprecht gleich noch einmal helfen", sagt sie dann augenzwinkernd.
„Was?"
„Wobei denn?"
„Ganz einfach, ich spiele euch ‚O du fröhliche' auf meiner Altflöte vor und ihr müsst mir sagen, ob das gut klingt, quasi als Generalprobe für heute Abend." Mira zieht die beiden am Arm hinter sich her in ihr Zimmer. Dort schnappt sie sich ihre Flöte und legt los.
„Das hört sich wirklich toll an", sagt Basti.
„Echt super", lobt auch Einstein.
„Danke!" Mira strahlt und macht einen Knicks. „Und nun wünscht euch Knecht Ruprecht von Herzen frohe Weihnachten!"

Rätsel

In den folgenden Sätzen haben sich einige zusätzliche Buchstaben eingeschlichen. Finde sie und du erhältst das Lösungswort.

Heute istw Heiligabend! Als Bastie an diesem Morgen aufwacht, mussi er sofort an die Rute denken, die auf seinem Schreibtisch liegt. Einstein und her haben sien gestern Nachmittag nocha schnell caus ein paar Weidenzweigen hund Paketband gebastelt. Dannt haben sie ein epaar bunte Schokokringeln und einen kleinen Weihnachtsmann an die Zweige gehängt.

LÖSUNGSWORT:

Lösung siehe S. 153

Lösungen

1. Dezember

Basti; Radiergummi; Island; Lesebuch; Luft
Lösungswort: Brief

2. Dezember

Kugel; Nacht; Engel; Christ; Herz; Tanne
Lösungswort: Knecht

3. Dezember

<table>
<tr><td></td><td></td><td></td><td></td><td></td><td>D</td><td></td><td></td><td></td><td></td><td></td></tr>
<tr><td></td><td></td><td></td><td>M</td><td>S</td><td>Y</td><td>N</td><td>T</td><td></td><td></td><td></td></tr>
<tr><td></td><td></td><td>Y</td><td>O</td><td>C</td><td>U</td><td>I</td><td>A</td><td>X</td><td></td><td></td></tr>
<tr><td></td><td></td><td></td><td>V</td><td>H</td><td>M</td><td>K</td><td>I</td><td></td><td></td><td></td></tr>
<tr><td></td><td></td><td>B</td><td>E</td><td>U</td><td>S</td><td>O</td><td>R</td><td>Z</td><td></td><td></td></tr>
<tr><td>W</td><td>Q</td><td>G</td><td>R</td><td>P</td><td>C</td><td>L</td><td>U</td><td>J</td><td>G</td><td>G</td></tr>
<tr><td></td><td>V</td><td>L</td><td>I</td><td>P</td><td>H</td><td>A</td><td>T</td><td>O</td><td>P</td><td></td></tr>
<tr><td>Z</td><td>E</td><td>T</td><td>T</td><td>E</td><td>L</td><td>U</td><td>E</td><td>W</td><td>O</td><td>N</td></tr>
<tr><td></td><td></td><td></td><td></td><td>N</td><td>A</td><td>S</td><td></td><td></td><td></td><td></td></tr>
<tr><td></td><td></td><td></td><td></td><td>U</td><td>G</td><td>M</td><td></td><td></td><td></td><td></td></tr>
</table>

4. Dezember

E; N; G; E; L

5. Dezember

falsch; falsch; richtig; richtig; falsch

6. Dezember

Lösungswort: verdächtig

7. Dezember

D; I; E; B

8. Dezember

Stromkasten; Wichtelgeschenk; Mandeln; Kamera; Fernseher
Lösungswort: Stern

9. Dezember

Fest; Ochse; Traum; Ort; Stall
Lösungswort: Fotos

10. Dezember

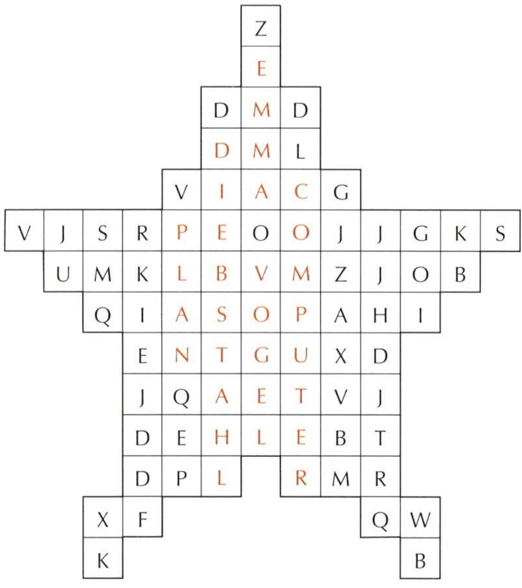

11. Dezember

falsch; falsch; falsch; richtig; richtig

12. Dezember

Lukas; Jungentoilette; Schulgarten; Klassenzimmer, Knie
Lösungswort: Kerze

13. Dezember

Lösungswort: erwischt

14. Dezember

Dezember; Advent; Nadeln; immer; Engel; Lametta
Lösungswort: Daniel

15. Dezember

Lösungswort: Plätzchen

16. Dezember

L; I; C; H; T

17. Dezember

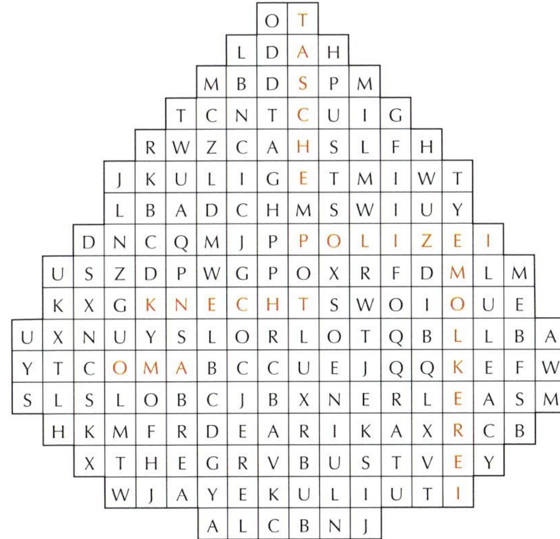

18. Dezember

Milchtank; Telefon; Netz; Ratte; abhauen
Lösungswort: Noten

19. Dezember

K; E; K; S

20. Dezember

Lösungswort: Kommissar

21. Dezember

Kommissar; rund; Angst; nervös; zahlen
Lösungswort: Kranz

22. Dezember

richtig; richtig; falsch; falsch; richtig

23. Dezember

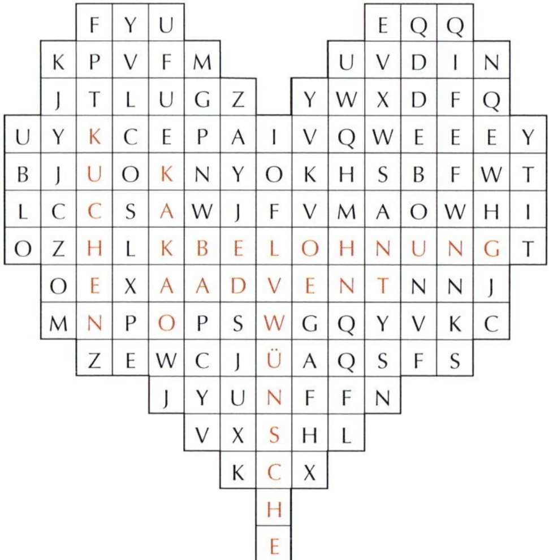

24. Dezember

Lösungswort: Weihnachten